MARCO POLO

SPRACHFÜHRER ENGLISCH

NIE MEHR SPRACHLOS!

Einfach kurz nach dem Weg fragen? Einen netten Plausch mit Einheimischen führen? Die exotische Speisekarte im Restaurant verstehen? Auch in Notfällen blitzschnell reagieren können? In all diesen Situationen ist der MARCO POLO Sprachführer der beste Begleiter für Ihren Urlaub.

Nach Reisethemen geordnet, gibt der Sprachführer schnelle Orientierung und sorgt dafür, dass Sie in jeder Situation die richtigen Worte parat haben und mitreden können.

Für das ganz leichte Gepäck ist der heraustrennbare Spickzettel mit den allerwichtigsten Wendungen perfekt. Und sollten Sie doch mal sprachlos sein: Da helfen die praktischen Zeigebilder ganz unkompliziert weiter.

Viel Spaß auf Ihrer Reise!

www.marcopolo.de/englisch

ENGLISCH

Wie viel kostet es?
How much is it?
['hau 'matsch is‿it]

> EINFACHE AUSSPRACHE

Keine Scheu, einfach loslegen!
Für die korrekte Aussprache sorgt die einfache Lautschrift – bei sämtlichen Wörtern, Begriffen und Formulierungen.

> ZEIGEBILDER

Bilder machen die Verständigung noch leichter. Ob beim Shoppen, im Restaurant, im Hotel oder bei Fragen zum Auto: Unsere Zeigebilder helfen in jedem Fall schnell weiter.

> SCHNELL NACHGESCHLAGEN

VON A BIS Z
Die wichtigsten Themen alphabetisch sortiert: vom Arztbesuch bis zum Telefongespräch.

WÖRTERBUCH
Hier finden Sie die 1333 wichtigsten Begriffe. Einfach praktisch!

INHALT

> SPEISEKARTE

Mit Spaß bestellen und mit Genuss essen – denn für Sie ist die Speisekarte in Landessprache ab jetzt kein Buch mit sieben Siegeln mehr.

> VOLLES PROGRAMM

Kultur oder Action, Sprach- oder Kochkurs, Tauchen oder Theaterabend: Formulierungen, die dafür sorgen, dass Ihr Urlaub noch spannender wird.

> WIE DIE EINHEIMISCHEN

Insider Tipps Damit Sie als echter Insider gelten, nicht als Tourist.

BLOSS NICHT!
Hilft, Fettnäpfchen zu vermeiden.

ACHTUNG! SLANG
Einheimische noch besser verstehen!

WORTLOS GLÜCKLICH: ZEIGEBILDER

Farben, Muster, Materialien helfen Ihnen beim Einkaufen. Weitere Helfer für (fast) jede Gelegenheit finden Sie in diesem Sprachführer.

AUSSPRACHE

Zur Erleichterung der Aussprache sind alle englischen Wörter und Wendungen zusätzlich mit einer einfachen Aussprache (in eckigen Klammern) versehen. Die Buchstaben in der Aussprache werden ausgesprochen wie im Deutschen, mit folgenden Sonderzeichen und Ausnahmen:

'	die nachfolgende Silbe wird betont. Bei einer Hauptbetonung steht das Zeichen oben vor der Silbe, bei einer Nebenbetonung unten; z. B. television ['täli,wischn].	
‿	Bindung zwischen zwei Wörtern; z. B. this is [θis‿is]	
ə	nur angedeutetes **e** wie in bitte	about [ə'baut]
θ	[s] gesprochen mit der Zungenspitze zwischen den Zähnen	thank you ['θänkju], this [θis]

ENGLISCH IST NICHT GLEICH AMERIKANISCH

Hier nur eine kleine Kostprobe von Wörtern, die im Englischen und Amerikanischen völlig unterschiedlich sind und bei falschem Gebrauch ein kurzes Stutzen beim Angesprochenen hervorrufen:

ENGLISCH	–	AMERIKANISCH	
holidays ['holədis]	–	vacation [wə'käischn]	(Urlaub)
lift [lift]	–	elevator ['äliwäitə]	(Fahrstuhl)
pavement ['päiwmənt]	–	sidewalk ['saidwohk]	(Bürgersteig)
trousers ['trausəs]	–	pants [pänts]	(Hose)
flat [flät]	–	apartment [ə'pahtmənt]	(Etagen-Wohnung)

ABKÜRZUNGEN

adj	Adjektiv, Eigenschaftswort	adjective
adv	Adverb, Umstandswort	adverb
Am	amerikanisch	American
Brit	britisch	British
el	Elektrotechnik, Elektrizität	electricity
fam	Umgangssprache, familiär	familiar, colloquial
jdm	jemandem	somebody
med	Medizin	medical
pl	Plural, Mehrzahl	plural
prp	Präposition, Verhältniswort	preposition
rel	kirchlich, geistlich	religious
sing	Singular, Einzahl	singular
s. o.	jemand	someone
s. th.	etwas	something

> EXTRABETT IN STRANDNÄHE

Ob Sie ein Traumhotel am Meer suchen oder ein Zusatzbett im Zimmer brauchen: Formulieren Sie Ihre Urlaubswünsche per E-Mail oder am Telefon – und gehen Sie ganz entspannt auf Reisen.

BUCHUNG PER E-MAIL

HOTEL | HOTEL [həu'täl]

Sehr geehrte Damen und Herren,
am (24.) und (25.) Juni benötige ich für (zwei) Nächte ein Einzel-/Doppel-/Zweibettzimmer. Bitte teilen Sie mir mit, ob Sie ein Zimmer frei haben und was es pro Nacht (einschließlich Abendessen) kostet.
Mit freundlichen Grüßen

REISE PLANUNG

Dear Sir or Madam,
I would like to book a single/double/twin-bedded room for (2) nights on the (24) and (25) June. Please let me know if you have any vacancies and the total cost per night (plus dinner).
Yours faithfully,

MIETWAGEN | RENTAL CARS [räntal ˌkahs]

Sehr geehrte Damen und Herren,
für den Zeitraum vom (20. bis 25.) Juli möchte ich ab Flughafen Manchester einen Kleinwagen/

Mittelklassewagen mieten. Ich fliege von London Heathrow ab und möchte deshalb dort den Leihwagen abgeben. Bitte teilen Sie mir Ihre Tarife mit und welche Unterlagen ich benötige.
Mit freundlichen Grüßen

Dear Sir/Madam,
I would like to hire a small/mid-range carrier from July (20–25) from Manchester Airport. I depart from Heathrow Airport, London so wish to leave the car there. Please inform me of your rates and what documents I shall require.
Yours faithfully,

FRAGEN ZUR UNTERKUNFT

Ich suche ein schönes Hotel/Bed and Breakfast in der Altstadt (mit besonders guter Küche).	I'm looking for a nice hotel/bed and breakfast (with good food) in the old town. [aim luking fər_ə nais həu'täl/ˌbäd_ən 'bräkfəst (wiθ gud fuhd) in θə əuld taun]
Ist es zentral/ruhig/in Strandnähe gelegen?	Is it central/quiet/near the beach? [is it säntrl/kwaiət/niə θə bihtsch]
Wie viel kostet das pro Woche?	How much does that cost per week? [hau match das θät kohst pə wik]

Hotel	a hotel [həu'täl]
Pension	guest house [gäst haus]
Zimmer	room ['ruhm]
Ferienwohnung	self-catering accommodation [sälf käitring əkomədäischən]

HOTEL/PENSION/ZIMMER
HOTEL/GUEST HOUSE/ROOMS [həu'täl, gästhaus, ruhms]

> Übernachtung: Seite 68 ff.

Ich suche ein Hotel, jedoch nicht zu teuer – etwas in der mittleren Preislage.	I'd like to stay in a hotel, but nothing too expensive – something in the mid-price range. [aid 'laik tu stäi in ə həu'täl bat naθing tuh iks'pänsiw samθing in θə mid prais räindsch]
Ich suche ein Hotel mit ...	I'm looking for a hotel with … [aim 'luking fə ə həu'täl wiθ]
Wellnessbereich.	a spa. [ə spah]
Swimmingpool.	a swimming pool. ['swimmingpuhl]
Ich suche ein familienfreundliches/behindertengerechtes Hotel	I'm looking for a family-friendly/disabled accessible hotel. [aim 'luking fər_ə 'fämili frändli/dis'eibld ək'sesibl həu'täl]

Können Sie mir ein ruhiges Zimmer/Zimmer mit Aussicht/Zimmer mit Balkon geben?	Can you give me a quiet room/a room with a view/ a room with a balcony? [kən juh giw mih ə 'kwaiət ruhm/ ə ruhm wiθ ə 'wjuh/ə ruhm wiθ ə 'bälkəni]
Ist es möglich, ein weiteres Bett in einem der Zimmer aufzustellen?	Is it possible to put an extra bed in one of the rooms? [is it 'pasəbl tu puht ən äkstrə bäd in wan əw θə ruhms]

FERIENHÄUSER/FERIENWOHNUNGEN
HOLIDAY HOMES/HOLIDAY APARTMENTS ['holədi haums/'holədi əpahtmənts]

Übernachtung: Seite 74 f.

Ich suche eine Ferienwohnung oder ein Ferienhaus.	I'm looking for a self-catering flat or a holiday home (Am vacation home). [aim 'luking fə ə sälf käitəring flät or_ə 'holədi ˌhəum]
Für wie viele Leute soll es sein?	How many people does it sleep? [hau mäni pipl das it slihp]
Gibt es ...?	Is there ...? [is θäər]
ein Kinderbett	a cot (Am crib) [ə kot]
einen Kinderstuhl	a high chair [ə 'hai tschäh]
eine Küche	a kitchen [ə 'kitschin]
einen Kühlschrank	a refrigerator [ə ri'fridschəräitə]
eine Waschmaschine	a washing machine [ə wosching mə'schihn]
einen Fernseher	a TV [ə tivi]
WLAN	Wi-Fi ['waifai]
Sind die Stromkosten im Preis enthalten?	Is electricity included in the price? [is i'läktrisəti inkludid in θə prais]
Werden Bettwäsche und Handtücher gestellt?	Are bed linen and towels provided? [ah bäd linen ən 'tauls prəuwaidid]
Wie viel muss ich anzahlen und wann ist die Anzahlung fällig?	How much deposit do you require and how long in advance? [hau matsch dipohsət du juh rikwaiə ən hau long in ädwäns]
Wo und wann kann ich die Schlüssel abholen?	Where and when should I pick up the keys? [weə ən wän schud ai pik ap θə kihs]

CAMPING | CAMPING [kämping]

Ich suche einen schönen Campingplatz (am Wasser).	I'm looking for a nice camping site (near the water). [aim 'luking fə ə nais 'kämpingsait niə θə 'wohtə]
Können Sie mir etwas empfehlen?	Is there anything you can recommend? [is θäər 'äniθing juh kən räkə'mänd]

> MEHR ERLEBEN

Nur keine Scheu! Der Smalltalk im Café, die Plauderei beim Einkauf, der Flirt beim Clubben – reden Sie drauflos, es ist einfacher, als Sie denken! Und macht die Reise erst so richtig spannend.

BEGRÜSSUNG | SAYING HELLO [sejing hə'ləu]

Guten Morgen!	Good morning! [gud 'mohning]
Guten Tag!	Good afternoon! [gud 'ahftə'nuhn]
Guten Abend!	Good evening! [gud 'ihwning]
Hallo!/Grüß dich!	Hello/Hi! [hə'ləu/hai]
Wie geht es Ihnen/ Wie geht's?	How are you? [hau_'ah ju/hau_ə 'ju] How's it going? [hau_s it gəuing] How're things? [hau_r θings] (Am) How've you been? [hau_w juh bin]
Danke. Und Ihnen/dir?	Fine thanks. And you? ['fain θänks, ənd 'ju]

IM GESPRÄCH

MEIN NAME IST ... | MY NAME'S ... [mai näims]

Wie ist Ihr Name/ Wie heißt du?	What's your name? [wots joh 'näim]
Darf ich bekannt machen?	May I introduce you? ['mäi_ai_,intrə'djuhs ju]
Das ist ...	This is ... ['θis_is]
Frau X.	(neutrale Anrede) Ms X. [mis]
Herr X.	Mr X. ['mistə]
mein Partner./ meine Partnerin.	my partner. [mai'pahtnə]
Nett, Sie kennenzulernen.	Nice to meet you. [nais tə 'miht ju]

AUF WIEDERSEHEN! | GOODBYE/BYE-BYE! [ˌgud'bai/ˌbai'bai]

Tschüss!	Cheerio! [ˌtschiəri'əu]
Bis später!	See you later! ['sih ju 'läitə]
Bis morgen!	See you tomorrow! ['sih ju tə'morəu]
Bis bald!	See you soon! ['sih ju 'suhn]
Gute Nacht!	Good night! [ˌgud 'nait]
Schönes Wochenende!	Have a nice weekend! ['häw_ə 'nais ˌwihk'änd]
Gute Reise!	Have a good journey! ['häw_ə gud 'dschöhni]
Es war schön, Sie/dich kennenzulernen.	It was nice to meet you. [it wəs nais tə 'miht juh]

BITTE | PLEASE ['plihs]

Darf ich Sie um einen Gefallen bitten?	Could you do me a favour? ['kud ju duh mih ə 'fäiwə]
Können Sie mir bitte helfen?	Can you help me, please? ['kən ju 'hälp mi plihs]
Gestatten Sie?	May I? ['mäi ai]
Bitte sehr./Gern geschehen.	Don't mention it./You're welcome. [dəunt 'mänschn_it/joh 'wälkəm]
Mit Vergnügen.	With pleasure. [wiθ 'pläschə]

DANKE | THANK YOU ['θänkju]

Vielen Dank.	Thank you very much. ['θänkju 'wäri 'matsch]
Danke, sehr gern.	Yes, thank you. ['jäs 'θänkju]
Nein, danke.	No, thank you. [ˌnəu 'θänkju]
Danke, gleichfalls!	Thank you. The same to you. ['θänkju. θə 'säim tə 'juh]
Das ist nett, danke.	That's very kind of you, thank you. [θäts 'wäri 'kaind_əw ju 'θänkju]
Vielen Dank für Ihre Hilfe/Mühe.	Thank you very much for your help/trouble. ['θänkju 'wäri 'matsch fə jə 'hälp/ 'trabl]

ENTSCHULDIGUNG! | I'M SORRY! [aim 'sori]

Tut mir leid (, dass ich zu spät komme)!	I'm sorry (I'm late)! [aim 'sori (aim 'läit)]
Schade!	What a pity! [ˌwot_ə 'piti]

IM GESPRÄCH

ALLES GUTE! | ALL THE BEST! ['ohl θə 'bäst]

Herzlichen Glückwunsch!	Congratulations! [kənˌgrätju'läischns]
Alles Gute zum Geburtstag!	Happy birthday! ['häpi 'böhθdäi]
Viel Erfolg!/Viel Glück!/ Hals- und Beinbruch!	Good luck! ['gud 'lak]
Gute Besserung!	Get well soon! ['gät ˌwäl 'suhn]

KOMPLIMENTE | COMPLIMENTS [ˌkampləmänts]

Wie schön!	How nice/lovely! [hau nais/lawli]
Das ist wunderbar!	That's wonderful/great! [θäts wandəfl/gräit]
Es ist wirklich traumhaft hier!	It's really beautiful here! [its rili 'bjuhtiful hiə]
Sie sprechen sehr gut Deutsch.	You speak very good German. [juh spihk 'wäri gud 'dschöhmən]
Sie sehen gut aus!	You're looking well! [juhr 'luking wäl]
Ich finde Sie sehr sympathisch/nett.	I think you are very nice. [ai θink juh ah 'wäri nais]

ausgezeichnet	excellent [äksəlnt]
beeindruckend	impressive [impräsəw]
freundlich	friendly [frändli]
herrlich	glorious [gləuräus], splendid [spländəd]
hübsch	pretty [priti], gorgeous [gə'dschəs]
lecker	tasty [täisti]
schön	lovely [lawli]

WIE DIE EINHEIMISCHEN

Insider Tipp

Die freundliche englische Art

Mehr noch als im Deutschen wirkt es im Englischen schroff bis unhöflich, wenn man eine Frage nur mit „Ja" (*Yes* [jäs]) oder „Nein" (*No* [nəu]) beantwortet. Man sollte zumindest das Verb aus der Frage wiederholen: *Are you on your own?* [ah ju‿on johr‿'əun] („Sind Sie/Bist du allein?") – *Yes, I am.* [jäs ai‿'äm] („Ja, ich bin"). So wie man im Deutschen eine Frage oder eine Bitte mit „Entschuldigen Sie bitte, ..." einleitet, sollte man auch im Englischen ein *Excuse me, please, ...* [ik'skjuhs mih plihs] voranstellen.

SMALLTALK | SMALL TALK [smohl tohk]

ZUR PERSON PERSONAL INFORMATION ['pöhsnəl infə'mäischn]

Wie alt sind Sie/bist du?	How old are you? [hau_'əuld ə_ju]
Ich bin (24).	I'm (twenty-four). [aim 'twänti foh]
Was machen Sie/machst du beruflich?	What do you do for a living? ['wot du juh du fər_ə 'liwing]
Ich bin ...	I'm a ... [aim ə]
Ich arbeite bei ...	I work for ... [ai wöhk fə]
Ich gehe noch zur Schule.	I'm still at school. [aim stil ət skuhl]
Ich bin Student/in.	I'm a student. [aim ə stjuhdnt]

HERKUNFT UND AUFENTHALT ORIGIN AND STAY ['ahridschin ən stäi]

Woher kommen Sie/kommst du?	Where are you from? [weər_ə ju fram]
Ich komme aus (Berlin).	I'm from (Berlin). [aim fram (börlin)]
Ich komme aus Deutschland.	I'm from Germany. [aim fram 'dschöhməni]
Ich bin seit ... hier.	I've been here since ... [aiw bihn hiə sins]
Wie lange bleiben Sie/bleibst du?	How long are you staying? [hau long ah juh stäiing]
Sind Sie/Bist du zum ersten Mal hier?	Is this your first time here? [is 'θis joh föhst taim hiə]
Wie finden Sie es?	What do you think of it? [wot du juh θink əw it]
Wie ist Ihre/deine E-Mail-Adresse/Handynummer?	What's your e-mail address/mobile number? [wots johr_'ihmäil_ədräs/məubail nambə]

FREIZEIT FREE TIME ['frih taim]

Was machen Sie/machst du in der Freizeit?	What do you do in your spare time? [wot dju duh in joh speə 'taim]
Ich interessiere mich für ...	I'm interested in ... [aim 'intristid in]
Kunst/Kultur/Architektur/Design/Fashion	art/culture/architecture/design/fashion [aht/'kaltschə/'ahkitäktschə/'disain/'fäschn]
Sind Sie/bist du auf Facebook?	Are you on Facebook? [ə juh on 'fäisbuk]
Haben Sie/Hast du WhatsApp?	Do you have WhatsApp? [duh juh häw wots'äp]
fotografieren	taking photos [täiking fəutəus]
Freunde treffen	meeting friends [mihting fränds]
im Internet surfen	surfing/browsing the Internet ['söhfing/brausing θə 'intənät]
Karten-/Brettspiele/Computerspiele	cards/board games/computer games [kahds/bəud gäims/kompjuhtə gäims]
Kino/Filme	cinema/films ['sinəma/film]
kochen	cooking [kuking]
lesen	reading [riding]
malen	painting [päinting]

> www.marcopolo.de/englisch

Musik hören	listening to music [listning tu 'mjuhsik]
Musik machen	making music [mäiking 'mjuhsik]
reisen	travelling [träwling]
schreiben	writing [raiting]
Sprachen lernen	learning languages [lörning 'längwidschis]

SPORT SPORT [spoht]

Volles Programm: Seite 84 ff.

Welchen Sport treiben Sie/ treibst du?	What sports do you take part in? [wot spohts du juh täik paht in]
Ich spiele ... Fußball/Tennis/Volleyball/ Handball/Tischtennis	I play ... [ai pläi] football/tennis/volleyball/handball/table tennis. ['futbohl/'tänis/'wolibohl/'händbohl/'teibl tänis]
Ich jogge/schwimme/ fahre Rad.	I go jogging/swimming/cycling. [ai gəu dschohging/'swimming/saikling]
Ich gehe regelmäßig ins Fitnesscenter/Yoga.	I go to the gym/to yoga regularly. [ai gəu tə θə 'dschim/tə 'jəugə 'rägjələli]

VERABREDUNG/FLIRT | MAKING A DATE ['mäiking äi däit]

Haben Sie/Hast du für morgen schon etwas vor?	Have you got any plans for tomorrow? [həw ju got_ ˌäni 'pläns fə tə'morəu]
Treffen wir uns heute Abend?	Shall we meet up this evening? [schəl wih miht_ap θis_'ihwning]
Wann/Wo treffen wir uns?	When/Where shall we meet? ['wän/'weə schəl wi 'miht]
Treffen wir uns um (20.00) Uhr vor .../ im ...	Let's meet at (eight) o'clock in front of .../ in ... [lets miht ät eit_ə klok in frant_əf/in]
Hast du einen Freund/ eine Freundin?	Have you got a boyfriend/a girlfriend? [həw ju got_ə'boifränd/ə 'göhlfränd]
Bist du verheiratet?	Are you married? [ah ju 'märid]
Ich habe mich den ganzen Tag auf Sie/dich gefreut.	I've been looking forward to seeing you all day. [aiw bihn 'luking 'fohwəd tuh 'sihing juh ohl däi]
Du hast wunderschöne Augen!	You've got beautiful eyes! [juhw got 'bjuhtiful ais]
Ich finde dich ganz toll!	I think you're really great! [ai θink johr rili gräit]
Ich liebe dich!	I love you! [ai law juh]
Ich möchte mit dir schlafen.	I would like to sleep with you. [ai wud laik tuh slihp wiθ juh]
Aber nur mit Kondom!	Only with a condom! ['əunli wiθ äi 'kondəm]
Hast du Kondome?	Do you have a condom? [duh juh häw äi 'kondəm]
Wo kann ich welche kaufen?	Where can I buy some? [weə kən ai bai sam]
Gehen wir zu dir oder zu mir?	Your place or mine? [juər pläis ohr main]

Es tut mir leid, aber ich bin nicht in dich verliebt.	I'm sorry, but I'm not in love with you. [aim 'sori bat aim not in law wiθ juh]
Ich habe keine Lust dazu.	I don't feel like it. [ai 'daunt 'fihl_laik_it]
Ich will nicht.	I don't want to. [ai 'daunt 'wont_tu]
Bitte geh jetzt!	Please leave now! [plihs lihw nau]
Hör sofort auf!	Stop at once! [stop ät wans]
Hau ab!	Go away/Get lost! ['gəu_ə'wäi/'gät 'lost]
Lassen Sie mich bitte in Ruhe!	Please leave me alone! ['plihs lihw mih_ə'ləun]

ZEIT

UHRZEIT | TIME [taim]

WIE VIEL UHR IST ES? WHAT TIME IS IT? [wot 'taim is it]

> Zeitangaben: Umschlagklappe vorne

UM WIE VIEL UHR?/WANN? WHAT TIME? [ˌwot 'taim]/WHEN? [wän]

Um (1) Uhr.	At (one) o'clock. [ət 'wan_ə'klok]
In einer Stunde.	In an hour's time [in_ən auəs 'taim]
Zwischen (3) und (4).	Between (three) and (four). [bi'twihn 'θrih_ənd 'foh]

WIE LANGE? HOW LONG? ['hau 'long]

Zwei Stunden (lang).	For two hours. [fə 'tuh 'auəs]
Von (10) bis (11).	From (ten) to (eleven). [frəm 'tän tu_i'läwn]
Bis (5) Uhr.	Till (five) o'clock. [til 'faiw_ə'klok]

SEIT WANN? SINCE WHEN? [sins 'wän]

Seit (8) Uhr morgens.	Since (eight) a.m. [sins_'äit_'äi'äm]
Seit einer halben Stunde.	For half an hour. [fə 'hahf_ən_'auə]

SONSTIGE ZEITANGABEN OTHER EXPRESSIONS OF TIME ['aθər iks'präschəns əw taim]

morgens	in the morning [in θə 'mohning]
vormittags	during the morning ['djuəring θə 'mohning]
mittags	at lunchtime [ət 'lanschtaim]
nachmittags	in the afternoon [in θi ˌahftə'nuhn]
abends	in the evening [in θih 'ihwning]
nachts	at night [ət 'nait]
vorgestern	the day before yesterday [θə 'däi bi'foh 'jästədi]

gestern	yesterday ['jästədi]
vor zehn Minuten	ten minutes ago ['tän 'minits ə'gəu]
heute	today [tə'däi]
jetzt	now [nau]
morgen	tomorrow [tə'morəu]
übermorgen	the day after tomorrow [θə 'däi 'ahftə tə'morəu]
diese Woche	this week [ˌθis 'wihk]
am Wochenende	at the weekend [ət θə ˌwihk'änd]
am Sonntag	on Sunday [on 'sandäi]
in 14 Tagen	in a fortnight's time [in ə 'fohtnaits 'taim]
nächstes Jahr	next year ['näkst 'jiə]
manchmal	sometimes ['samtaims]
alle halbe Stunde	every half hour ['äwri hahf 'auə]
stündlich	every hour ['äwri 'auə], hourly ['auəli]
täglich	every day ['äwri 'däi], daily ['däili]
alle zwei Tage	every other day ['äwri 'aθə 'däi]
innerhalb einer Woche	within a week [wi'θin ə 'wihk]
bald	soon [suhn]

DATUM | THE DATE [θə 'däit]

Den Wievielten haben wir heute?	What's the date (today)? ['wots θə 'däit (tə'däi)]
Heute ist der 1. Mai.	Today's the first of May (May the first). [tə'däis θə 'föhst_əw 'mäi ('mäi θə 'föhst)]

WIE DIE EINHEIMISCHEN

Insider Tipps

See you later!

Im britischen Englisch heißt *See you later!* ['sih ju 'läitə] („Wir sehen uns später!") „später am selben Tag". Im amerikanischen Englisch (und bei jungen Engländern) dagegen heißt es „irgendwann": heute, morgen, nächstes Jahr, oder nie!

a.m. – p.m.

Im Englischen wird der Uhrzeit oft ein *a.m.* ['äi'äm] („vor Mittag") oder *p.m.* ['pih'äm] („nach Mittag") nachgestellt:
8.00 a.m.: acht Uhr morgens, *8.00 p.m.*: acht Uhr abends.

WOCHENTAGE | DAYS OF THE WEEK [däis əw θə wihk]

Montag	Monday ['mandi]
Dienstag	Tuesday ['tjuhsdi]
Mittwoch	Wednesday ['wänsdi]
Donnerstag	Thursday ['θohsdi]
Freitag	Friday ['fraidi]
Samstag	Saturday ['sätədi]
Sonntag	Sunday ['sandi]

MONATE | MONTHS OF THE YEAR [manθs əw θəjiər]

Januar	January ['dschänjuəri]
Februar	February ['fäbruəri]
März	March [mahtsch]
April	April ['äiprl]
Mai	May [mäi]
Juni	June [dschuhn]
Juli	July [dschuh'lai]
August	August ['ohgəst]
September	September [säp'tämbə]
Oktober	October [ok'təubə]
November	November [nəu'wämbə]
Dezember	December [di'sämbə]

JAHRESZEITEN | SEASONS ['sihsns]

Frühling	spring [spring]
Sommer	summer ['samə]
Herbst	autumn (Am fall) ['ohtəm, fohl]
Winter	winter ['wintə]

FEIERTAGE | HOLIDAYS ['holidäis]

Neujahr	New Year's Day ['njuh ˌjiəs 'däi]
Karfreitag	Good Friday ['gud 'fraidi]
Ostern	Easter ['ihstə]
Erster Montag im Mai	May Day Holiday ['mäi ˌdäi 'holidäi] (GB)
Letzter Montag im Mai	Spring Bank Holiday ['spring ˌbänk 'holidäi] (GB)
4. Juli	Independence Day [ˌindi'pändəns ˌdäi] (USA)
Letzter Montag im August	August Bank Holiday ['ohgəst ˌbänk 'holidäi] (GB)

> www.marcopolo.de/englisch

Letzter Donnerstag im November	Thanksgiving ['θänks‚giwing] (USA)
Heiliger Abend	Christmas Eve ['krismas 'ihw]
1. Weihnachtsfeiertag	Christmas Day ['krismas 'däi]
2. Weihnachtsfeiertag	Boxing Day ['boksing ‚däi] (GB)
Silvester	New Year's Eve ['njuh ‚jias 'ihw]

WETTER

Wie wird das Wetter heute?	What's the weather going to be like today? ['wots θa 'wäθa 'gauing ta bi laik ta'däi]
Es bleibt schön.	It's going to stay fine. [its 'gauing ta stäi 'fain]
Es wird wärmer/kälter.	It's going to get warmer/colder. [its 'gauing ta gät 'wohma/'kaulda]
Es soll regnen/schneien.	It's going to rain/snow. [its 'gauing ta 'räin/'snau]
Es ist kalt/heiß/schwül.	It's cold/hot/close. [its 'kauld/'hot/'klaus]
Wie viel Grad haben wir heute?	What's the temperature today? [wots θa 'tämpratscha ta'däi]
Es hat 20 Grad Celsius.	It's twenty degrees Centigrade. [its 'twänti di'grihs 'säntigräid]

bewölkt	cloudy ['klaudi]
Ebbe	low tide ['lau 'taid]
Flut	high tide ['hai 'taid]
Frost	frost [frost]
Gewitter	thunderstorm ['θandastohm]
heiß	hot [hot]
kalt	cold [kauld]
Nebel	fog [fog]
Regen	rain [räin]
Schnee	snow [snau]
schwül	close [klaus]
Sonne	sun [san]
trocken	dry [drai]
Überschwemmung	flooding ['flading], floods [flads]
warm	warm [wohm]
wechselhaft	changeable ['tschäinschabl]
Wind	wind [wind]

> WO GEHT ES NACH ...?

Wenn Sie sich verirrt oder verfahren haben oder einfach nicht mehr weiterwissen: Fragen Sie! Dieses Kapitel hilft Ihnen dabei.

WO GEHT'S LANG?

Bitte, wo ist ...?	Excuse me, where's ..., please? [iks'kjuhs 'mih 'weəs plihs]
Können Sie mir sagen, wie ich nach ... komme?	Could you tell me how to get to ..., please? ['kud_ju 'täl mi hau tə gät tə plihs]
Welches ist der kürzeste Weg nach/zu ...?	Which is the quickest way to ... ? ['witsch_is θə 'kwikist wäi tə ...]
Wie weit ist es zum/zur ...?	How far is it to ... ? ['hau 'fahr_is_it tə...]
Gehen Sie geradeaus.	Go straight on. [gəu 'sträit_'on]
Gehen Sie nach links/rechts.	Turn left/right. [töhn 'läft/'rait]

UNTERWEGS

Erste/Zweite Straße links/ rechts.	The first/second street on the left/right. [θə 'föhst/'säknd striht on θə 'läft/'rait]
Überqueren Sie ...	Cross … ['kros]
die Brücke.	the bridge. [θə 'bridsch]
den Platz.	the square. [θə 'skweə]
die Straße.	the street. [θə 'striht]
Dann fragen Sie noch einmal.	Then ask again. ['θän 'ahsk ə'gän]
Sie können ... nehmen.	You can take … [ju kən täik]
den Bus	the bus. [θə 'bas]
die Straßenbahn	the tram. [θə 'träm]
die U-Bahn	the tube (the underground). [θə 'tjuhb (θi_'andəgraund]

AN DER GRENZE

ZOLL/PASS | CUSTOMS/PASSPORT ['kastəms/'pahspoht]

IHREN PASS, BITTE! YOUR PASSPORT, PLEASE. [joh 'pahspoht plihs]

Ihr Pass ist abgelaufen.	Your passport has expired. [joh 'pahspoht həs_iks'paiəd]
Haben Sie ein Visum?	Have you got a visa? [həw ju got_ə 'wihsə]
Kann ich das Visum hier bekommen?	Can I get a visa here? [kən_ai gät_ə 'wihsə 'hiə]

HABEN SIE ETWAS ZU VERZOLLEN? HAVE YOU GOT ANYTHING TO DECLARE? [həw ju got 'äniθing tə di'kleə]

Nein, ich habe nur ein paar Geschenke.	No, I've only got a few presents. ['nəu aiw 'əunli got_ə_fjuh 'präsnts]
Fahren Sie bitte rechts/links heran.	Pull over to the right/the left, please. ['pul 'əuwə tə θə 'rait/θə 'läft plihs]
Öffnen Sie bitte den Kofferraum/diesen Koffer.	Open the boot (Am trunk)/this case, please. ['əupən θə 'buht ('trank)/'θis 'käis plihs]
Muss ich das verzollen?	Do I have to pay duty on this? ['du_ai häw_tə päi 'djuhti on θis]

Ausfuhr	export ['äkspoht]
ausreisen	to leave the country ['lihw θə 'kantri]
Einfuhr	import ['impoht]
einreisen	to enter the country ['äntə θə 'kantri]
Familien|name	surname ['söhnäim]
~stand	marital status ['märitl 'stäitəs]
ledig	single ['singl]
verheiratet	married ['märid]
Führerschein	driving licence ['draiwing 'laisns]
Geburts|datum	date of birth ['däit əw 'böhθ]
~name	maiden name ['mäidn näim]
~ort	place of birth ['pläis əw 'böhθ]
Grenzübergang	border ['bohdə]
gültig	valid ['wälid]
Nummernschild	number plate ['nambə pläit]
Passkontrolle	passport control ['pahspoht kən'trə
Personalausweis	identity card [ai'däntiti kahd]
Reisepass	passport ['pahspoht]
Sichtvermerk	endorsement [in'dohsmənt]
Staatsangehörigkeit	nationality [ˌnäschə'näliti]
Visum	visa ['wihsə]
Vorname	Christian name ['kristjən näim], first name ['föhst näim]

Wohnort	place of residence [ˌpläis əw 'räsidəns]
Zoll	(Amt) customs ['kastəms]; (Gebühr) duty ['djuhti]
~beamter/~beamtin	customs officer ['kastəms 'ofisə]
~frei	duty-free ['djuhti 'frih]
~kontrolle	customs check ['kastəms tschäk]
~pflichtig	liable to duty ['laiəbl tə 'djuhti]

... MIT DEM AUTO/MOTORRAD/ FAHRRAD

WIE KOMME ICH NACH ...? | HOW DO I GET TO ...? ['hau du ai gät tu]

Wie weit ist das?	How far is it? ['hau 'fahr‿is‿it]
Entschuldigung, ist das die Straße nach ...?	Excuse me, is this the road to ...? [iks'kjuhs‿'mih is 'θis θə rəud tu ...]
Wie komme ich zur Autobahn nach ...?	How do I get to the ... motorway? ['hau du‿ai gät tə θə 'məutəwäi]
Immer geradeaus bis ... Dann links/rechts abbiegen.	Straight on until you get to ... Then turn left/right. ['sträit‿'on‿ən'til ju gät tu 'θän töhn 'läft/'rait]

VOLLTANKEN, BITTE | FILL HER UP, PLEASE ['fil‿ər‿'ap plihs]

Wo ist bitte die nächste Tankstelle?	Where's the nearest petrol station, please? ['weəs θə 'niərist 'pätrəlstäischn plihs]
Normalbenzin/Super/Diesel/ Elektroladestation	three-star/four-star/diesel/charging point for electric vehicles ['θrihstah/'fohstah/'dihsl/'tschahdsching point fər‿i'läktrik 'wihəkls]
Prüfen Sie bitte ...	Please check ... [plihs tschäk]
den Ölstand.	the oil. [θi‿'oil]
den Reifendruck.	the tyre pressure. [θə 'taiə 'präschə]
das Kühlwasser.	the water. [θə 'wohtə]
Wo sind bitte die Toiletten?	Where are the toilets, please? [weər‿ə θə 'toilits plihs]
Gibt es eine Behindertentoilette?	Is there a disabled accessible toilet? [is θeər‿ə dis'eibld ək'sesibl 'toilit]

PARKEN | PARKING ['pahking]

Gibt es hier in der Nähe eine Parkmöglichkeit?	Is there a car park near here? [is θeər‿ə 'kah pahk niə hiə]
Kann ich das Auto hier abstellen?	Can I park my car here? ['kən‿ai ˌpahk mai 'kah hiə]

PANNE | BREAKDOWN ['bräikdaun]

Können Sie mir Starthilfe geben?	Could you help me jump-start my car? [kud ju hälp mih 'dschampstaht mai kah]
Würden Sie mir bitte einen Mechaniker/einen Abschleppwagen schicken?	Would you send a mechanic/a breakdown truck, please? ['wud‿ju sänd‿ə mi'känik/ə 'bräikdaun trak plihs]
Ich habe einen Platten.	I have a flat tyre. [ai häw‿ə flät 'taiə]
Ich habe kein Benzin mehr.	I'm out of petrol (Am gas). [aim aut‿əf 'pätrəl]
Die Batterie ist leer.	The battery is dead. [θə 'bätəri is däd]
Würden Sie mich bis zur nächsten Werkstatt/Tankstelle mitnehmen?	Could you give me a lift to the nearest garage/petrol station? ['kud‿ju giw mi‿ə 'lift tə θə 'niərist 'gärahdsch/'pätrəlstäischn]

WERKSTATT | GARAGE ['gärahdsch]

Mein Wagen springt nicht an.	The car won't start. [θə 'kah wəunt 'staht]
Können Sie mal nachsehen?	Could you have a look? ['kud‿ju 'häw‿ə 'luk]
Mit dem Motor stimmt was nicht.	There's something wrong with the engine. [θeəs 'samθing 'rong wiθ θi‿'änschin]
Die Bremsen funktionieren nicht.	The brakes don't work. [θə 'bräiks dəunt 'wöhk]
... ist/sind defekt.	… is/are faulty. [is/ah 'fohlti]
Der Wagen verliert Öl.	I'm losing oil. [aim 'luhsing 'oil]
Wechseln Sie bitte die Zündkerzen aus.	Change the sparkplugs, please. ['tschäinsch θə 'spahk plags plihs]
Was wird es kosten?	How much will it be? ['hau 'matsch wil‿it 'bih]

UNFALL | ACCIDENT ['äksidənt]

Rufen Sie bitte ...	Please call … ['plihs 'kohl]
einen Krankenwagen.	an ambulance. [ən‿'ämbjuləns]
die Polizei.	the police. [θə pə'lihs]
die Feuerwehr.	the fire-brigade. [θə 'faiəbriˌgäid]

UNTERWEGS

Sind Sie verletzt?	Are you injured? [ah juh 'indschəd]
Haben Sie Verbandszeug?	Have you got a first-aid kit? [həw ju got_ə 'föhst'äid kit]
Es war meine/Ihre Schuld.	It was my/your fault. [it wəs 'mai/'joh 'fohlt]
Sollen wir die Polizei holen oder können wir uns so einigen?	Shall we call the police, or can we settle things ourselves? [schəl wi ˌkohl θə pə'lihs_oh kən wi 'sätl θings ˌauə'sälws]
Ich möchte den Schaden durch meine Versicherung regeln lassen.	I'd like my insurance company to take care of the damage. [aid laik mai_in'schuərəns 'kampəni tə täik 'keər_əw θə 'dämidsch]
Geben Sie mir bitte Ihren Namen und Ihre Anschrift/ Namen und Anschrift Ihrer Versicherung.	Please give me your name and address/ particulars of your insurance. [plihs giw mi joh 'näim_ənd_ə'dräs/ pə'tikjuləs_əw johr_in'schuərəns]
Vielen Dank für Ihre Hilfe.	Thank you very much for your help. ['θänk ju 'wäri 'matsch fə jə 'hälp]

abschleppen	to tow (away) [təu (ə'wäi)]
Abschlepp|seil	towrope ['təurəup]
~wagen	breakdown vehicle ['bräikdaun ˌwihikl]
Ampel	traffic lights ['träfik ˌlaits]
Anlasser	starter ['stahtə]
Autobahn	motorway ['məutəwäi]
Automatik(getriebe)	automatic (transmission) [ˌohtə'mätik (träns'mischn)]
Batterie	battery ['bätəri]
Baustelle	road works ['rəudwöhks]
Benzin	petrol (Am gas) ['pätrəl, gäs]
~kanister	petrol can ['pätrəl kän]
Bremsbelag	brake lining ['bräik ˌlaining]
Bußgeld	fine [fain]
Defekt	fault [fohlt]
Erdgas-/Elektrotankstelle	natural gas/fuel station for electric cars [nätschjuhrl gäs/fjuhl stäischn fə i'läktrik kahs]
Fahrrad	bicycle, bike ['baisikl, baik]
Fahrspur	lane [läin]
Fehlzündung	backfire [ˌbäk'faiə]
Felge	rim [rim]
Fernlicht	full-beam ['ful'bihm]
Flickzeug	(puncture) repair kit [('panktschə) ri'peə kit]
Führerschein	driving licence ['draiwing 'laisns]
Fußbremse	footbrake ['futbräik]
Gang	gear [giə]
~schaltung	gears [giəs]
Gaspedal	accelerator [ək'säləräitə]
gebrochen	broken ['brəukn]

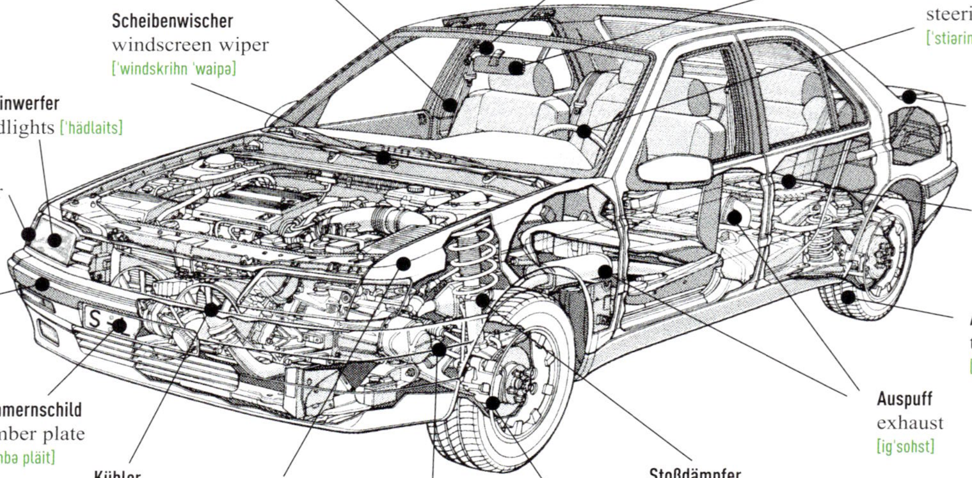
Sicherheitsgurt
seat belt ['siht bält]
Windschutzscheibe
windscreen (Am windshield)
['windskrihn, 'windschihld]
Rückspiegel
rear-view mirror
['rihəwjuh 'mirə]
Lenkrad
steering wheel
['stiəring wihl]
Scheibenwischer
windscreen wiper
['windskrihn 'waipə]
Scheinwerfer
headlights ['hädlaits]
Blinker
indicator
['indikäitə]
Kofferraum
boot (Am trunk)
[buht, trank]
Ersatzrad
spare wheel
['speə 'wihl]
Autoreifen
tyre (Am tire)
['taiə]
Stoßstange
bumper
['bampə]
Nummernschild
number plate
['nambə pläit]
Kühler
radiator
['räidiäitə]
Kotflügel
wing (Am fender)
[wing, 'fändər]
Achse
axle ['äksl]
Bremse
brake [bräik]
Stoßdämpfer
shock absorber
['schok_əb'sohbə]
Auspuff
exhaust
[ig'sohst]

Getriebe	gearbox ['giəboks]
Handbremse	handbrake ['händbräik]
Heizung	heating ['hihting]
Helm	crash helmet ['kräsch ˌhälmit]
Hupe	horn [hohn]
Kabel	cable ['käibl]
Keilriemen	fan belt ['fän bält]
Klingel	bell [bäl]
Kreuzung	crossroads ['krosrəuds], junction ['dschangschn]
Kühlwasser	cooling water ['kuhling 'wohtə]
Kupplung	clutch [klatsch]
Kurve	bend [bänd]
Landstraße	country road ['kantri ˌrəud]
Lastwagen	lorry ['lori], (Am truck [trak])
Lichtmaschine	dynamo ['dainəməu]
Luftpumpe	pump [pamp]
Maut	toll (charge) ['təul (tschahdsch)]
Motor	motor ['məutə], engine ['ändschin]
~haube	bonnet (Am hood) ['bonit, hud]
~rad	motorbike ['məutəbaik]
~roller	scooter ['skuhtə]
Notrufsäule	emergency telephone [i'möhdschənsi 'tälifəun]
Oktanzahl	octane number ['oktäin ˌnambə]
Öl	oil [oil]
~wechsel	oil change ['oil 'tschäinsch]
Panne	breakdown ['bräikdaun]; (Reifen~) puncture ['panktschə], flat (tyre) [flät ('taiə)]
Pannendienst	breakdown service ['bräikdaun ˌsöhwis]
Papiere	papers ['päipəs]
Park|haus	multi-storey car park [ˌmalti'stohri 'kahpahk]
~platz	car park ['kahpahk]
Promille	alcohol level ['älkəhol ˌläwl]
PS	hp (horsepower) ['hohsˌpauə]
Radarkontrolle	radar speed check ['räidah 'spihd tschäk]
Radkreuz	wheel brace ['wihl bräis]
Raststätte	services ['söhwisis]
Reifenpanne	flat tyre/puncture [flät taiə/panktschə]
Schiebedach	sunroof ['sanruhf]
Schraube	screw [skruh]
Schraubenschlüssel	spanner ['spänə], wrench [räntsch]
Schutzblech	mudguard ['madgahd]
Standlicht	sidelights ['saidlaits]
Starthilfekabel	jump lead ['dschamp ˌlihd]
Stau	traffic jam ['träfik dschäm]

Straße	street [striht], road [raud]
Straßenkarte	road map ['raud mäp]
Tachometer	speedometer [spi'domitə]
Tankstelle	petrol station ['pätrl 'stäischn], filling ['filing] station, (Am gas) [gäs] station
Tramper	hitch-hiker ['hitsch,haikə]
Umleitung	diversion [dai'wöhschn]
Ventil	valve [wälw]
Vergaser	carburettor ['kahbjurätə]
Versicherungskarte, grüne	green card ['grihn 'kahd]
Vollkasko	fully comprehensive insurance ['fuli 'komprihänsiw in'schuərəns]
Wagen|heber	jack [dschäk]
~wäsche	car wash ['kah 'wosch]
Warn|blinker	hazard warning light ['häsəd 'wohning ,lait]
~dreieck	warning triangle ['wohning 'traiängl]
Wegweiser	sign [sain]
Werk|statt	(Auto~) garage ['gärahdsch]
~zeug	tools [tuhls]
Zünd|kerze	spark plug ['spahk plag]
~schloss	ignition switch [ig'nischn switsch]
~schlüssel	ignition key [ig'nischn kih]
Zündung	ignition [ig'nischn]

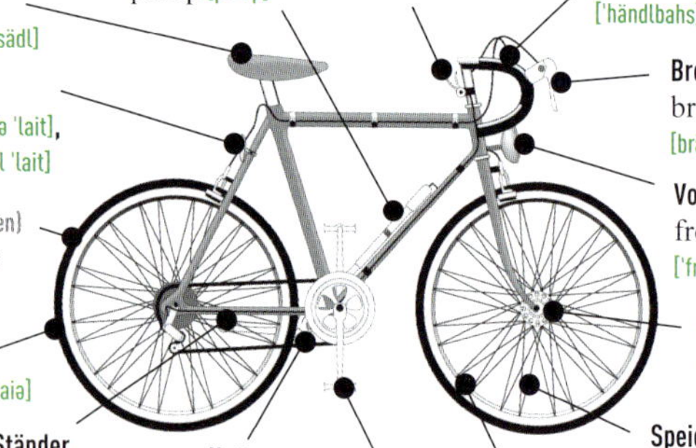

UNTERWEGS

AUTO-/MOTORRAD-/FAHRRADVERMIETUNG
CAR/MOTORBIKE/BICYCLE HIRE [kah/'mautəbaik/'baisikl haiə]

Ich möchte für (2) Tage/ (1) Woche ... mieten. Auto/Wohnmobil/ Roller/Fahrrad	I'd like to hire for (2) days/for (a week) ... [aid 'laik tə 'haiə fə tuh 'däis/fər_ə 'wihk] a car/a camper van/a scooter/a bicycle [ə kah/ə 'kämpə wän/ə 'skuhtə/ə 'baisikl]
Bitte mit ... Automatik/Klimaanlage/ Navigationsgerät.	I'd like ... [aid laik] an automatic/air-conditioning/a navigation system. [ən_ohtə'mätik/'äəkəndischning/ə näwi'gaischən ˌsistəm]
Haben Sie Kindersitze/ Babyschalen?	Do you have child seats/baby car seats? [du juh häw 'tschaild sihts/'beibi kah sihts]
Wie hoch ist die Tages-/ Wochenpauschale?	How much does it cost per day/week? ['hau 'matsch dəs_it 'kost pə 'däi/'wihk]
Ist das Fahrzeug vollkaskoversichert?	Does the vehicle have comprehensive insurance? ['das θə 'wihikl häw ˌkompri'hänsiw_in'schuərəns]
Ist es möglich, das Fahrzeug in ... abzugeben?	Is it possible to leave the car in …? [is_it 'posibl tə ˌlihw θə 'kahr_in ...]

... MIT DEM FLUGZEUG

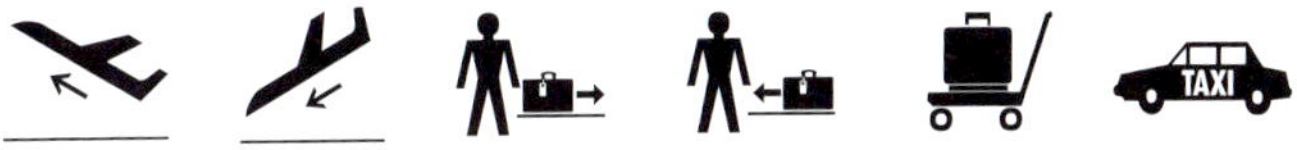

ABFLUG | TAKE-OFF ['täik_of]

Wo ist der Schalter der ...-Fluggesellschaft?	Where's the … counter? ['weəs θə 'kauntə]
Wann fliegt die nächste Maschine nach ...?	When's the next flight to …? ['wäns θə 'näkst 'flait tu ...]
Ich möchte einen einfachen Flug/Hin- und Rückflug nach ... buchen.	I'd like to book a single/return flight to … [aid laik tə buk_ə 'singl/ri'töhn flait tu ...]
Sind noch Plätze frei?	Are there still seats available? [ah θeə stil 'sihts_ə'wäiləbl]
Ich möchte diesen Flug stornieren/umbuchen.	I'd like to cancel this flight/change the booking. [aid laik tə 'känsəl θis 'flait/tschäindsch θə 'buking]
Wir reisen mit einem Kleinkind. Könnten wir Plätze ganz vorn/ am Gang bekommen?	We're travelling with a toddler. Could we have seats right at the front/on the aisle? [wiə träwəling wiθ_ə 'todlə. kud_wi häw 'sihts ät θə frant/on θi_ail]

Kann ich das als Handgepäck mitnehmen? — Can I take this as hand luggage? [kən ai 'täik 'θis‿əs 'händ 'lagidsch]

Wird ein/mein Rollstuhl am Flughafen bereit gestellt? — Will there be a wheelchair/ Will my wheelchair be waiting for me at the airport? [wil θeər bi ə 'wihltscheə/wil mai 'wihltschäeə bi wäiting fə mi ät θi 'eəpoht]

Hat die Maschine nach … Verspätung? — Is the plane to … late? [is θə pläin tu 'läit]

ANKUNFT | ARRIVAL [ə'raiwl]

Mein Gepäck ist verloren gegangen. — My luggage is missing. [mai 'lagidsch is 'mising]

Mein Koffer ist beschädigt worden. — My suitcase has been damaged. [mai 'sjuhtkäis həs bin 'dämidschd]

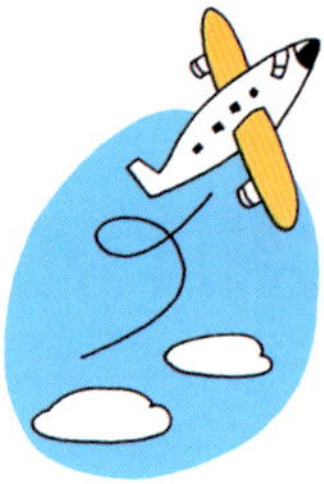

Ankunftszeit — time of arrival [taim əw ə'raiwl]
Anschluss — connection [kə'näkschn]
an Bord — on board [on 'bohd]
Bordkarte — boarding card ['bohding kahd]
Buchung — booking ['buking]
Direktflug — direct flight [di'räkt flait]
einchecken — to check in [ˌtschäk 'in]
elektronisches Ticket — e-ticket ['ihtikit]
Fenstersitz — window seat ['windəu siht]
Flug — flight [flait]
~gesellschaft — airline ['eəlain]
~hafenbus — airport bus ['eəpoht 'bas]
~plan — (flight) timetable [('flait)'taimˌtäibl]
~strecke — route [ruht]
~zeug — plane [pläin]
Flugbegleiter/in — steward/stewardess ['stjuəd/ˌstjuə'däs]
Gepäck — luggage ['lagidsch] (Am baggage ['bägidsch])
Handgepäck — hand luggage/baggage ['händ 'lagidsch/'bägidsch]
Landung — landing ['ländiŋ]
Not|ausgang — emergency exit [i'möhdschənsi 'äksit]
~landung — emergency landing [i'möhdschənsi 'ländiŋ]
Pilot/in — pilot ['pailət]
planmäßiger Abflug — scheduled time of departure ['schädjuhld 'taim əw di'pahtschə]
Schalter — counter ['kauntə]
Schwimmweste — life jacket ['laif ˌdschäkit]
Sicherheitskontrolle — security control [si'kjuərəti kən'trəul]
Spucktüte — sick bag ['zik bäg]

UNTERWEGS

stornieren	to cancel ['känsl]
umbuchen	to change the booking [tschäindsch θə 'buking]
Verspätung	delay [di'läi]
zollfreier Laden	duty-free shop ['djuhti'frih schop]
Zwischenlandung	stopover ['stop,auwə]

... MIT DEM ZUG

AM BAHNHOF | AT THE STATION [ət θə 'stäischn]

Wann fährt der nächste Zug nach ...?	When's the next train to …? ['wäns θə 'näkst träin tu ...]
Eine einfache Fahrt 2./1. Klasse nach ..., bitte.	A second-class/first-class single to …, please. [ə 'säknd klahs/'föhst klahs 'singl tu plihs]
Zweimal ... hin und zurück, bitte.	Two returns to …, please. ['tuh ri'töhns tu plihs]
Gibt es eine Ermäßigung für Kinder/Studenten?	Is there a reduction for children/students? ['is θear_ə ri'dakschn fə 'tschildrən/'stjuhdnts]
Gibt es einen Spartarif?	Is there an economy fare? [is θäər_ən_i'konəmi ,tärif]
Muss ich einen Platz reservieren?	Do I have to reserve a seat? [du ai häw tə ri,söhw_ə 'siht]
Bitte eine Platzkarte für den Zug um ... Uhr nach ...	I'd like to reserve a seat on the … o'clock train to … [aid 'laik tə_ri'söhw_ə 'siht on θə ə'klok träin tu]
Ich möchte diesen Koffer als Reisegepäck aufgeben.	I'd like to register this case. [aid 'laik tu 'rädschistə θis 'käis]
Hat der Zug aus ... Verspätung?	Is the train from … running late? [is θə träin frəm 'raning 'läit]
Habe ich in ... Anschluss nach .../an die Fähre?	Is there a connection to …/a ferry at …? [is θear_ə kə'näkschn tu/_ə färi ət]
(Wo) Muss ich umsteigen?	(Where) Do I have to change? [('weə) du_ai häw_tə 'tschäindsch]
Von welchem Gleis fährt der Zug nach ... ab?	Which platform does the … train leave from? [witsch 'plätfohm das θə träin 'lihw from]
Kann ich ein Fahrrad mitnehmen?	Can I take a bicycle? [kən ai täik ə 'baisikl]

IM ZUG | ON THE TRAIN [on θə träin]

Verzeihung, ist dieser Platz noch frei?	Excuse me, is this seat free? [iks'kjuhs 'mih is 'θis 'siht 'frih]
Hält dieser Zug in ...?	Does this train stop in …? ['das θis träin 'stop in]

Abfahrt	departure [di'pahtschə]
Abfahrtszeit	time of departure [taim əw di'pahtschə]
Abteil	compartment [kəm'pahtmənt]
ankommen	to arrive [ə'raiw]
Anschlusszug	connecting train [kə'näkting träin]
Aufenthalt	stop [stop]
aussteigen	to get out ['gät 'aut]
Autoreisezug	motorail service ['məutəräil 'söhwis]
Bahn|hof	station ['stäischn]
~hofsrestaurant	station restaurant ['stäischn 'rästrohng]
besetzt	(Toilette) engaged [in'gäidschd]; (Platz) taken ['täikn]
einsteigen	to get on ['gät 'on]
Ermäßigung	reduction [ri'dakschn]
Fahr|karte	ticket ['tikit]
~kartenschalter	ticket office ['tikit ˌofis]
~plan	timetable ['taimˌtäibl]
~preis	fare [feə]
Fensterplatz	window seat ['windəu siht]
frei	(Toilette) vacant ['wäiknt]; (Platz) free [frih]
Gepäck	luggage ['lagidsch] (Am baggage ['bägidsch])
~ablage	luggage rack ['lagidsch räk]
~aufbewahrung	left-luggage office ['läft 'lagidsch ˌofis]
~schein	left-luggage ticket ['läft 'lagidsch ˌtikit]
Gleis	platform ['plätfohm]
Hauptbahnhof	main station ['mäin 'stäischn]
Internetbuchung/Ausdruck	Internet booking/printout ['intənät ˌbuking/'printaut]
Kinderfahrkarte	half [hahf]
Nichtraucherabteil	no-smoking compartment ['nəu'sməuking kəm'pahtmənt]
Notbremse	emergency brake [i'möhdschənsi 'bräik]
Raucherabteil	smoking compartment ['sməuking kəm'pahtmənt]
Rückfahrkarte	return ticket [ri'töhn 'tikit]
Schlafwagen	sleeping car [slihping kah]
Schließfach	left-luggage locker [läft 'lagidsch lockə]
Sitzplatzreservierung	seat reservation [siht räsəwäischn]
Speisewagen	restaurant car ['rästrohng kah]
Stromanschluss	power socket [pauə 'sokit]
Toilette	toilet ['toilit]
Wartehalle	waiting room ['wäitingrum]
Zug	railway ['räilwäi]; (Zug) train [träin]
~fähre	train ferry ['träinˌfäri]
Zuschlag	supplement ['saplimənt]

... MIT DEM SCHIFF

IM HAFEN | AT THE PORT [ät θə poht]

Wann fährt das nächste Schiff/die nächste Fähre nach ... ab?	When does the next ship/the next ferry leave for … ['wän das θə 'näkst 'schip/θə 'näkst 'färi 'lihw foh]
Wie lange dauert die Überfahrt?	How long does the crossing take? ['hau 'long das θə 'krosing 'täik]
Ich möchte eine Schiffskarte nach ...	I'd like a ticket to … [aid laik ə 'tikit tu]
Ich möchte eine Karte für die Rundfahrt um ... Uhr.	I'd like a ticket for the round trip at … o'clock. [aid laik ə 'tikit fə θə 'raund 'trip_ət ə'klok]
Wann legen wir in ... an?	When do we land at …? ['wän du_wi länd_ət ...]

AN BORD | ON BOARD [on 'bohd]

Wo ist der Speisesaal/der Aufenthaltsraum?	Where's the restaurant/lounge? ['weəs θə 'rästərohng/'laundsch]
Ich fühle mich nicht wohl.	I don't feel well. [ai 'dəunt fihl 'wäl]
Geben Sie mir bitte ein Mittel gegen Seekrankheit.	Could you give me something for seasickness, please. ['kud ju giw_mi 'samθing fə 'sihsiknis plihs]

Anlegeplatz	dock [dok]
an Bord	on board [on 'bohd]
Dampfer	steamer ['stihmə], steamship ['stihmschip]
Deck	deck [däk]
Fähre	ferry ['färi]
Auto~	car ferry ['kah,färi]
Eisenbahn~	train ferry ['träin,färi]
Fahrkarte	ticket ['tikit]
Festland	mainland ['mäinländ], dry land ['drai 'länd]
Hafen	port [poht]
Kabine	cabin ['käbin]
Kajüte	cabin ['käbin]
Kapitän	captain ['käptin]
Küste	coast [kəust]
Landausflug	excursion [iks'köhschn]
Luftkissenboot	hovercraft ['howəkrahft]
Motorboot	motorboat ['məutəbəut]
Rettungs|boot	lifeboat ['laifbəut]
~ring	lifebelt ['laifbält]

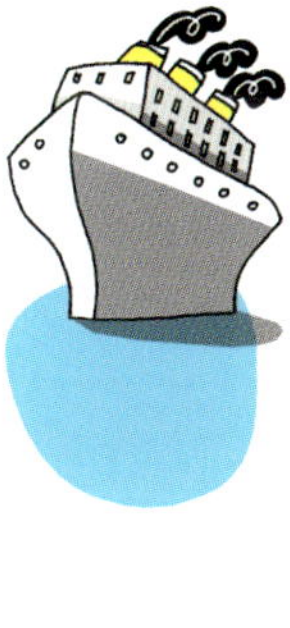

Ruderboot	rowing boat ['rauing baut]
Schwimmweste	life-jacket ['laif͵dschäkit]
Seegang	rough seas ['raf 'sihs]
seekrank	seasick ['sihsik]
Steward	steward [stjuad]
Welle	wave [wäiw]

NAHVERKEHR

BUS/U-BAHN | BUS/UNDERGROUND ['bas/'andagraund]

Bitte, wo ist die nächste ...	Excuse me, where's the nearest … [iks'kjuhs 'mih 'weas θa 'niarist]
Bushaltestelle?	bus stop? ['bas 'stop]
Straßenbahnhaltestelle?	tram stop? ['träm 'stop]
U-Bahnstation?	underground station? ['andagraund 'stäischn]
Welche Linie fährt nach ...?	Which line goes to … ? ['witsch lain gaus‿ta ...]
Wann fährt der Bus ab?	What time does the bus leave? ['wot 'taim das θa bas 'lihw]
Wo muss ich aussteigen/umsteigen?	Where do I have to get out/change? ['wea du‿ai häw‿ta gät 'aut/'tschäinsch]
Sagen Sie mir bitte, wenn ich aussteigen muss.	Will you tell me when we're there, please. [wil‿ju 'täl mi wän wia 'θea plihs]
Wo kann ich den Fahrschein kaufen?	Where can I buy a ticket? ['wea kan‿ai bai‿a 'tikit]
Bitte einen Fahrschein nach ...	To …, please. [tu plihs]
Kann ich ein Fahrrad mitnehmen?	Can I take a bicycle? [kan ai täik a 'baisikl]

Abfahrt	departure [di'pahtscha]
aussteigen	to get out ['gät 'aut]
Bus	bus [bas]
einsteigen	to get on ['gät 'on]
Endstation	terminus ['töhminas]
Fahr|er	driver ['draiwa]
~kartenautomat	ticket machine ['tikit ma'schihn]
~plan	timetable ['taim͵täibl]
~preis	fare [fea]
~schein	ticket ['tikit]
Haltestelle	stop [stop]
Knopf drücken	to press the button [präs θa 'batn]

UNTERWEGS

Kontrolleur	inspector [in'späktə]
lösen (Fahrschein)	to buy a ticket [bai ə 'tikit]
Netzkarte	travelcard ['träwlkahd]
Schaffner	ticket-collector ['tikitkə'läktə], conductor [kən'daktə]
Straße	street [striht], road [rəud]
Straßenbahn	tram [träm]
Tageskarte	one-day travelcard ['wandäi 'träwlkahd]
Touristenticket	tourist ticket ['tuərist tikit]
U-Bahn	underground ['andəgraund]
Wochenkarte	weekly season ticket ['wihkli 'sihsn ˌtikit]

TAXI | TAXI ['täksi]

Könnten Sie mir bitte ein Taxi rufen?	Would you call a taxi for me, please? ['wud juh kohl ə 'täksi fə mi plihs]
Wo ist der nächste Taxistand?	Where's the nearest taxi rank? ['weəs θə 'niərist 'täksiränk]
Zum Bahnhof.	To the station. [tu θə 'stäischn]
Zum ... Hotel.	To the … Hotel. [tu θə həu'täl]
In die ...-Straße.	To … Street. [tu striht]
Nach ..., bitte.	To …, please. [tu plihs]
Wie viel kostet es nach ...?	How much will it cost to …? ['hau 'matsch wil‿it 'kost tə ...]
Das ist zu viel.	That's too much. [θäts tu matsch]
Halten Sie bitte hier.	Could you stop here, please? ['kud‿ju 'stop 'hiə plihs]
Das ist für Sie.	That's for you. ['θäts fə juh]
Die Quittung, bitte.	I'd like a receipt, please. [aid 'laik ə ri'siht plihs]

Fahrpreis	fare [feə]
Taxi|fahrer	taxi driver ['täksi ˌdraiwə]
~stand	taxi rank ['täksi ränk]
Trinkgeld	tip [tip]

MITFAHREN

Fahren Sie nach ...?	Are you going to ...? [ah juh 'gəuing tu]
Könnte ich ein Stück mitfahren?	Could you give me a lift? ['kud‿juh giw mi ə lift]
Ich würde gerne hier aussteigen.	I'd like to get out here. [aid 'laik tu gät aut hiə]
Vielen Dank fürs Mitnehmen.	Thank you very much for the lift. [θänkju 'wäri 'matsch fə θə lift]

> KULINARISCHE ABENTEUER

Mit Spaß bestellen und mit Genuss essen – denn für Sie ist die Speisekarte in der Landessprache kein Buch mit sieben Siegeln.

ESSEN GEHEN | GOING FOR A MEAL [gəuing fə ə mihl]

Wo gibt es hier ...	Is there … here? ['is θeər_'hiə]
ein gutes Restaurant?	a good restaurant [_ə 'gud 'rästərohng]
ein typisches Restaurant?	a restaurant with local specialities [_ə 'rästərohng wiθ 'ləukl ˌspäschi'älitis]
Reservieren Sie uns bitte für heute Abend einen Tisch für (3) Personen.	Would you reserve us a table for (three) for this evening, please? ['wud_ju ri'söhw əs_ə 'täibl fə 'θrih fə θis_'ihwning plihs]
Ist dieser Tisch/Platz noch frei?	Is this table/seat free? [is θis 'täibl/'siht 'frih]

ESSEN UND TRINKEN

Einen Tisch für (2/3) Personen, bitte.	A table for (two/three), please. [ə 'täibl fə 'tuh/'θrih plihs]
Haben Sie einen (Nicht-)Raucherbereich?	Do you have a (no-)smoking area? [du juh häw_ ə (nəu)sməuking 'äəriə]
Wo sind bitte die Toiletten?	Where are the toilets, please? ['weərə θə 'toilits plihs] > Kasten S. 72
Guten Appetit!	Enjoy your meal! [in'dschoi joh mihl]
Prost!	Cheers! [tschiəs]
Das Essen ist/war ausgezeichnet!	The food is/was great. [θə fuhd is/wos gräit]
Ich bin satt, danke.	I'm full, thank you. [aim fuhl θänkju]

BESTELLUNG | ORDERING ['ohdaring]

Herr Ober, bitte die ...	Waiter, could I have the …, please ['wäitə 'kud_ai häw θə 'mänjuh plihs]
Speisekarte.	menu ['mänjuh]
Getränkekarte.	drinks list [drinks list]
Weinkarte.	wine list [wain list]
Was können Sie mir empfehlen?	What can you recommend? ['wot kən_ju ˌräkə'mänd]
Ich nehme ...	I'll have … [ail häw ...]
Wir haben leider kein/e ... mehr.	I'm afraid we've run out of … [aim_ə'fräid wihw 'ran_'aut_əw ...]
Ich hätte gerne etwas Typisches aus der Region.	I'd like to try a local speciality. [aid laik tə trai ə laukl späschi'äləti]
Ich bin Diabetiker/Vegetarier/Veganer.	I'm a diabetic/vegetarian/vegan. [aim ə ˌdaiə'bätik/ˌwädschi'täəriən/'wihgən]
Ich bin allergisch gegen ...	I'm allergic to ... [aim_ə'löhdschik tə]
Eier/Gluten/Milchprodukte/Natriumglutamat/Nüsse.	eggs/gluten/dairy products/monosodium glutamate/nuts. [ägs/'gluhtn/'däəri prodakts/ˌmonəˌsaudiəm 'gluhtəmäit/nats]
Was wollen Sie trinken?	What would you like to drink? ['wot wud_ju 'laik tə 'drink]
Bitte ein Glas ...	A glass of …, please. [ə 'glahs_əw plihs]
Bitte eine Flasche/eine halbe Flasche ...	A bottle of/half a bottle of …, please. [ə 'botl_əw/'hahf_ə 'botl_əw plihs]
Bitte bringen Sie uns ...	Bring us …, please. ['bring_əs plihs]

REKLAMATION | COMPLAINTS [kəm'pläints]

Das Essen ist kalt.	The food is cold. [θə fuhd is 'kauld]
Das Fleisch ist nicht durch.	The meat is not fully cooked. [θə miht is not fuli kukt]
Haben Sie mein/e ... vergessen?	Have you forgotten my …? [həw_ju fə'gotn mai]
Das habe ich nicht bestellt.	I didn't order that. [ai 'didnt 'ohdə 'θät]
Holen Sie bitte den Chef.	Fetch the manager, please. ['fätsch θə 'mänidschə plihs]

BEZAHLEN | PAYING [päing]

Bezahlen, bitte.	Could I have the bill, please? ['kud_ai häw θə 'bil plihs]
Bitte alles zusammen.	All together, please. ['ohl tə'gäθə plihs]
Könnte ich bitte eine Quittung bekommen?	Could I have a receipt, please? [kud ai həw ə ri'siht plihs]
Getrennte Rechnungen, bitte.	Separate bills, please. ['säprit 'bils plihs]
Das ist für Sie.	That's for you. ['θäts fə 'juh]

> www.marcopolo.de/englisch

ESSEN UND TRINKEN

Es stimmt so.	Keep the change. ['kihp θə 'tschäinsch]
Das Essen war ausgezeichnet.	The food was excellent. [θə fuhd wos äksälint]
Vielen Dank für die Einladung!	Thank you very much for the invitation. [θänkju 'wäri 'matsch fə θə in'wətäschn]

Abendessen	dinner ['dinə]
Beilage	side dish ['said disch] > S. 49 f.
Besteck	cutlery: knife, fork and spoon ['katləri, 'naif, 'fohk ən 'spuhn]
Bestellung	order ['ohdə]
Diabetiker	diabetic [ˌdaiə'bätik]
durchgebraten	well-done ['wäl'dan]
Essig	vinegar ['winigə]
fettarm	low-fat [ləu fät]
frisch	fresh [fräsch]
frittiert	deep-fried [dihp'fraid]
Frühstück	breakfast ['bräkfəst] > S. 46
Gabel	fork [fohk]

WIE DIE EINHEIMISCHEN

Insider Tipps

Wait to be seated
In Restaurants ist es üblich, abzuwarten, bis einen der Chefkellner zum Tisch bringt. Dies gilt nicht für Snackbars (*snack bars* = GB, *diners* [dainəs] = US) und Imbissbuden.

Enjoy your meal
In Großbritannien und den USA gibt es keine Entsprechung zu unserem „Guten Appetit". Gelegentlich hört man *"Enjoy your meal"*, aber normalerweise sagt man gar nichts.

Cheers!
In britischen Pubs ist es üblich, die Getränke an der Theke zu bestellen und gleich zu bezahlen. Zur Pubtradition gehört es auch, für alle, die am Tisch sitzen oder zu Ihrer Gruppe gehören, zu bestellen und mit zu bezahlen. Da diese Tradition für alle gilt, ist jeder einmal dran, eine Runde auszugeben. Dasselbe gilt auch fürs Rauchen: Man bietet allen in der Runde eine Zigarette an – muss sie aber nicht nehmen! Tischbedienung ist zwar im Aufwärtstrend, aber eigentlich nur in Restaurants zu finden.

Trinkgeld
Denken Sie daran, dass besonders in den USA die Gehälter der Bedienungen sehr niedrig sind. Es ist üblich, ein Trinkgeld von 15 bis 20 % zu geben, vorausgesetzt natürlich, dass Sie mit der Bedienung auch zufrieden waren.

gebacken	baked [bäikt]
gegrillt	grilled [grild]
Getränk	drink [drink] > S. 45, 52 f.
Gewürz	seasoning ['sihsning], spice [spais]
Glas	glass [glahs]
glutenfrei	gluten-free [ˌgluhtn'frih]
Gräten	fishbones ['fischbəuns]
Hauptspeise	main course ['mäin 'kohs] > S. 47 ff.
heiß	hot [hot]
kalorienarm	low-calorie [ləu 'käləri]
kalt	cold [kəuld]
Kellner/in, Ober (auch Anrede)	waiter/waitress ['wäitə/'wäitris]
Kinderteller	children's portion ['tschildrəns 'pohschn]
Koch	cook [kuk]
kochen	to cook [kuk], (Wasser) to boil [boil]
Laktoseintoleranz	lactose intolerance ['läktəus in'tolərəns]
Löffel	spoon [spuhn]
Messer	knife [naif]
Mittagessen	lunch [lantsch]
Nachtisch	dessert [di'söht], sweet [swiht] > S. 50 f.
Öl	oil [oil]
Pfeffer	pepper ['päpə]
Portion	portion ['pohschn]
roh	raw [roh]
Salz	salt [sohlt]
sauer	sour ['sauə]
scharf	hot [hot]
Senf	mustard ['mastəd]
Serviette	serviette [ˌsöhwi'ät], napkin ['näpkin]
Soße	sauce [sohs]; (Braten~) gravy ['gräiwi]
Streetfood	street food ['striht fuhd]
Suppe	soup [suhp] > S. 47
süß	sweet [swiht]
Tagesgericht	dish of the day ['disch əw θə 'däi]
Tasse	cup [kap]
Teller	plate [pläit]
Trinkgeld	tip [tip]
vegan/vegetarisch	vegan/vegetarian ['wihgən/ˌwädschi'teəriən]
Vollkorn	wholemeal ['həulmihl]
Vorspeise	hors d'œuvre [oh'döhwr], starter ['stahtə] > S. 46
Wrap	wrap [räp]
zäh	tough [taf]
Zahnstocher	toothpick ['tuhθpik]
(ohne) Zucker	(without) sugar [(wiθaut) schuhgə]

salad
['säləd]

beans
[bihns]

pepperoni
[päpərəuni]

pepper
[päpər]

tomatoes
[tə'mahtəus]

cucumber
[ˌkjuhkambə]

cauliflower
[ˌkoliflauə]

broccoli
[brokkoli]

artichoke
[ahtitschəuk]

mushrooms
[ˌmaschrums]

Brit. aubergines Am. eggplant
[əubəschihns] ['ägplant]

celery
[säläri]

potatoes
[pə'täitəus]

onion
[ˌanjən]

garlic
['gahlik]

ginger
[dschindschə]

avocado
[ˌäwə'kahdəu]

carrots
[ˌkärəts]

cabbage
[ˌkäbidsch]

leek
[lihk]

asparagus
[əs'pärəgəs]

lentils
[läntls]

pumpkin
[ˌpampkin]

Brit. courgette Am. zucchini
[kohschät] [su'kini]

peas
[pihs]

chickpeas
[tschikpis]

spinach
[spinətsch]

sweetcorn
[ˌswihtkohn]

sage
[säidsch]

mint
[mint]

parsley
[pahsli]

rosemary
[rəusməri]

apricots
[ˌäiprikots]

bananas
[bəˈnahnəs]

pineapple
[ˌpainˌäpl]

mango
[ˌmängəu]

strawberry
[ˌstrohbri]

peach
[ˌpihtsch]

kiwi fruit
[kiwi fruht]

grapes
[gräips]

apple
[ˌäpl]

pears
[peəs]

blueberries
[ˈbluhbərihs]

cherries
[ˌtschäris]

currants
[körənts]

oranges
[ˌorindschis]

lemon
[ˈlämən]

lime
[laim]

papaya
[päpaijah]

watermelon
[ˌwohtəˌmälən]

honeydew melon
[ˌhanidjuh ˌmälən]

grapefruit
[ˌgräipfruht]

pomegranate
[ˌpomägrahnit]

plums
[plams]

yellow plums
[ˌjäləu plams]

figs
[figs]

lychee
[litschi]

grapefruit
[ˌgräipfruht]

coconut
[ˌkəukənat]

chestnuts
[tschästnahts]

peanuts
[pinats]

cranberries
[krənbris]

dried fruit
[draid fruht]

mixed nuts and raisins
[mikst nahts ən räisins]

ESSEN UND TRINKEN

bread/toast
[bräd/taust]

brown rye bread
[braun rai bräd]

wholemeal bread
[.haulmihl bräd]

baguette (French bread)
[bag'ät (frändsch bräd]

bagel
[bägel]

pretzel
[prätsel]

croissant
[krusohng]

crispbread
[.krihspbräd]

flat bread/nan bread
[flät bräd /nän bräd]

rolls
[/rauls]

wholemeal bread rolls
[.haulmihl bräd rauls]

pumpernickel (black bread)
[pumpanikel (bläk bräd)]

waffles
[wohfils]

doughnut
[daunat]

Danish pastry
[dänisch pästri]

cake
[käik]

rice waffles
[rais wohfils]

muesli
[mjuhsli]

cereal
[síríal]

yoghurt
[jaugat]

butter
[.batta]

eggs
[ägs]

cheese
[tschihs]

Danish blue
[.däinisch .bluh]

camembert
[kämombah]

cream cheese
[.krihm .tschihs]

milk
[milk]

curd cheese with herbs
[körd tschihs wiθ härbs]

individually wrapped cheese
[andawadjuhali räpt tschihs]

parmesan cheese
[pamisän tschihs]

sheep's cheese
[schips tschihs]

beef
[bihf]

offal
[offəl]

female/male
[fihmäl/mäl]

veal
[vil]

pork
[pohk]

lamb
[lahm]

chicken
[.tschikin]

duck
[.dak]

rabbit
[rahbet]

wild boar
[waild boh]

joint of meat
[dschoint əw miht]

diced meat
[daist miht]

minced meat
[.minst .miht]

Russian kebab
[ruschän käbab]

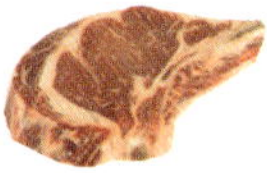

steak
[.stäik]

fillet/tenderloin
[.filit/tändəloin]

chop/cutlet
[tschop/'katlit]

roast beef
[rəust bihf]

sausages
[.sosidschis]

sausage
[.sosidsch]

salami
[sälahmi]

cooked ham
[kukt häm]

smoked ham
[sməukt häm]

bacon
[bäkon]

roast chicken
[rəust .tschikin]

leg of chicken
[läg əw .tschikin]

ESSEN UND TRINKEN

sea bass
[.sih bäs]

trout
[traut]

tuna
[.tuhnə]

salmon
[.sämən]

sardines
[sah'dihns]

shrimps
[schrimps]

scampi
[skämpi]

lobster
[lobstə]

mussels
[.massls]

squid
[skwid]

oysters
[.oistəs]

caviar
[kawiah]

mineral water/still
[.minrl .wohtə/stil]

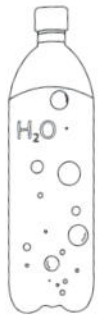

mineral water/sparkling
[.minrl .wohtə/spahkling]

milk
[milk]

soya milk
[səujah milk]

juice
[dschus]

coca cola
['kəukə 'kəulə]

energy drink
[änədschih drink]

beer
[biə]

tea
[tih]

coffee
['kofi]

cocoa
[kəukəu]

ice cubes
[ais kjuhbs]

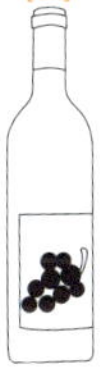
red wine
[räd wain]

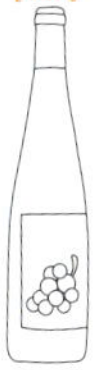
white wine
[wait wain]

sparkling wine
['spahkling wain]

cocktail
[kohktäil]

BREAKFAST [ˌbräkfəst] | FRÜHSTÜCK

Zeigebilder: Seite 42 f.

scrambled eggs ['skrämbld 'ägs]	Rühreier
poached eggs ['pautscht 'ägs]	verlorene Eier
bacon and eggs ['bäikn ən 'ägs]	Eier mit Speck
fried eggs ['fraid 'ägs]	Spiegeleier
hard-boiled/soft-boiled eggs ['hahdboild/'softboild ägs]	hart/weich gekochte Eier
(cheese/mushroom/tomato) omelette [(tschihs/'maschrum/tə'mahtau)'omlitt]	(Käse-/Champignon-/ Tomaten-)Omelett
kippers ['kippəs]	Bücklinge
bread/rolls/toast [bräd/rauls/taust]	Brot/Brötchen/Toast
butter ['battə]	Butter
honey ['hanni]	Honig
jam/marmalade [dschäm/'mahməläid]	Marmelade/Orangenmarmelade
muffin ['məfin]	Küchlein
porridge ['porridsch]	Haferbrei
smoothie ['smußih]	Smoothie
yoghurt ['jogət]	Joghurt
fruit ['fruht]	Obst

HORS D'ŒUVRES [oh'döhwr] | VORSPEISEN

grapefruit cocktail ['gräipfruht 'kocktäil]	Grapefruitcocktail
liver sausage ['liwə 'sosidsch]	Leberwurst
ham [häm]	Schinken
clams [kläms]	Venusmuscheln
cockles ['kockls]	Herzmuscheln
mussels ['massls]	Muscheln
crab [kräbb]	Krebs
lobster ['lobstə]	Hummer
onion rings ['ənjən rings]	frittierte Zwiebelringe
oysters ['oistəs]	Austern
sardines [sah'dihns]	Sardinen
shrimp/prawn cocktail ['schrimp/'prohn 'kocktäil]	Garnelencocktail
smoked salmon ['sməukt 'sämən]	Räucherlachs

SPEISEKARTE

SOUPS [.suhps] | SUPPEN

clear soup/consommé [kliə suhp/kən'somäi]	Fleischbrühe
cream of asparagus soup [krihm əw əs'pärəgəs suhp]	Spargelcremesuppe
cream of chicken soup [krihm əw 'tschikin suhp]	Hühnercremesuppe
cream of mushroom soup [krihm əw 'maschrum suhp]	Champignoncremesuppe
cream of tomato soup [krihm əw tə'mahtəu suhp]	Tomatencremesuppe
oxtail soup ['okstäil suhp]	Ochsenschwanzsuppe
pea soup ['pih 'suhp]	Erbsensuppe
Scotch broth ['skotsch 'broθ]	dicke Gemüsesuppe mit Fleisch
vegetable soup ['wädschtəbl suhp]	Gemüsesuppe

FISH [fisch] | FISCH

Zeigebilder: Seite 45

cod [kod]	Kabeljau
eel [ihl]	Aal
haddock ['hädək]	Schellfisch
herring ['häring]	Hering
kipper ['kipə]	Räucherhering
mackerel ['mäkrəl]	Makrele
perch [pöhtsch]	Barsch
plaice [pläis]	Scholle
salmon ['sämən]	Lachs
sole [səul]	Seezunge
squid [skwid]	Tintenfisch
trout [traut]	Forelle
tuna ['tuhnə]	Thunfisch
mussels ['masls]	Muscheln
oysters ['oistəs]	Austern
prawns [prohns]	Garnelen
shrimps [schrimps]	Krabben

POULTRY [paultri] | GEFLÜGEL

chicken ['tschikin]	Hähnchen
duck(ling) ['dak(ling)]	(junge) Ente
goose [guhs]	Gans
partridge ['pahtridsch]	Rebhuhn
pheasant ['fäsnt]	Fasan
turkey ['töhki]	Truthahn

MEAT [miht] | FLEISCH

Zeigebilder: Seite 44

barbequed (B-B-Q) spare ribs ['bahbə,kjuhd 'speə ribs]	gegrillte Schweinerippchen
beef [bihf]	Rindfleisch
chop/cutlet [tschop/'katlit]	Kotelett
fillet (steak) ['filit (stäik)]	Filet(steak)
gammon ['gämən]	Schinkensteak
gravy ['gräiwi]	Fleischsoße
ham [häm]	Schinken
hamburger ['hämböhgə]	dt. Beefsteak
hot steak sandwich [,hot 'stäik 'sändwitsch]	Sandwich mit heißem Rinderbraten
Irish stew ['aiərisch 'stjuh]	Eintopf mit Fleisch und Kartoffeln
kidneys ['kidnis]	Nieren
lamb (with mint sauce) [läm (wiθ 'mint 'sohs)]	Lamm (mit einer sauren Minzsoße)
liver (and onions) ['liwə(r ən 'anjəns)]	Leber mit Zwiebeln
minced beef ['minst 'bihf]	Hackfleisch vom Rind
mutton ['matn]	Hammelfleisch
pork [pohk]	Schweinefleisch
pork pie [pohk 'pai]	Pastete gefüllt mit Schweinefleisch in Aspik (kalt)
rabbit ['räbit]	Kaninchen
rissoles ['risəuls]	Frikadellen
roast beef & Yorkshire pudding ['rəust 'bihf ən 'johkschə 'puding]	Roastbeef mit einer Portion gebackenem Eierteig
rump steak ['ramp stäik]	Rumpsteak
sausages ['sosidschis]	Würstchen
shepherd's pie ['schäpəds 'pai]	Auflauf aus Hackfleisch, Zwiebeln und Kartoffelbrei
sirloin steak ['söhloin stäik]	Lendenstück vom Rind
sirloin tip ['söhloin tip]	Lendenstück vom Rind

T-bone steak ['tihbaun stäik]	Rindersteak mit T-förmigem Knochen
toad-in-the-hole ['taud in θa 'haul]	Würstchen in gebackenem Eierteig
veal [wihl]	Kalbfleisch
veal, ham & egg pie ['wihl 'häm an 'äg 'pai]	Pastete gefüllt mit Kalbfleisch, Schinken und Ei
venison ['wänisn]	Reh oder Hirsch

VEGETABLES [ˌwädschtabl] | GEMÜSE

Zeigebilder: Seite 41

avocado [ˌäwa'kahdau]	Avocado
beans [bihns]	Bohnen
baked beans ['bäikt 'bihns]	gebackene Bohnen in Tomatensoße
beetroot ['bihtruht]	rote Bete (rote Rüben)
cabbage ['käbidsch]	Kohl
carrots ['kärats]	Karotten
cauliflower ['koliflaua]	Blumenkohl
chips/French fries [tschips/'fränsch 'frais]	Pommes frites
corn-on-the-cob ['kohn on θa 'kob]	Maiskolben
cress [kräss]	Kresse
cucumber ['kjuhkamba]	Gurke
fennel ['fänl]	Fenchel
hash browns ['häsch bräuns]	Rösti-Ecken/Kartoffelpuffer
leek [lihk]	Lauch
lentils ['läntils]	Linsen
lettuce ['lätis]	Kopfsalat
mushrooms ['maschrums]	Champignons
onions ['anjans]	Zwiebeln
peas [pihs]	Erbsen
peppers ['päpas]	Paprikaschoten
potatoes [pa'täitaus]	Kartoffeln
baked potatoes [bäikt pa'täitaus]	gebackene Pellkartoffeln
boiled potatoes [boild pa'täitaus]	Salzkartoffeln
fritters ['fritas]	Bratkartoffeln
mashed potatoes [mäscht pa'täitaus]	Kartoffelbrei
sauté potatoes ['sautäi pa'täitaus]	Schwenkkartoffeln
sweet corn ['swihtkohn]	Mais
tomatoes [ta'mahtaus]	Tomaten

SALAD [ˌsäləd] | SALAT

caesar salad ['sisə 'säləd]	Romagna-Salat mit Croutons und Parmesankäse
chef's salad ['schefs 'säləd]	Salat mit Schinkenstreifen, Tomaten, Käsestreifen und Oliven
taco salad ['toko 'säləd]	Tacoschale gefüllt mit grünem Salat, Hackfleisch mit Tacogewürzen, Tomaten, Käse, Oliven usw.
Waldorf salad ['woldoəf säləd]	Apfel- und Walnusssalat

CHEESE [ˌtschihs] | KÄSE

Zeigebilder: Seite 43

Caerphilly [kah'fili]	trockener, weißer Käse
Cheddar ['tschädə]	kräftiger Käse
cheese spread ['tschihs 'spräd]	Streichkäse
Cheshire ['tschäschə]	Chesterkäse (mild)
Cottage cheese ['kottidsch 'tschihs]	Hüttenkäse
cream cheese ['krihm 'tschihs]	Frischkäse
Danish blue ['däinisch 'bluh]	Blauschimmelkäse
Edam ['ihdäm]	Edamer
goat's milk cheese ['gəuts milk ˌtschihs]	Ziegenkäse
Gorgonzola [ˌgohgən'səulə]	Schimmelkäse
Stilton ['stiltn]	scharfer Schimmelkäse

DESSERT [di'söhrt] | NACHTISCH

apple tart/pie ['äpl 'taht/'pai]	Apfelkuchen/gedeckter Apfelkuchen
brownie ['bräuni]	Schokoladenplätzchen
chocolate layer cake ("devil's food cake") ['tschoklət 'läjə ˌkäk ('dewls fud käk)]	Schokoladentorte
cream [krihm]	Sahne
custard ['kastəd]	Vanillesoße
fruit cake ['fruht käik]	Kuchen mit viel Korinthen, Rosinen usw.
fruit salad [fruht 'säləd]	Obstsalat
ice-cream ['ais'krihm]	Eiscreme
jam tart [ˌdschäm 'taht]	Törtchen mit Marmelade
lemon meringue ['lemən mə'räng]	Zitrone mit Eischneedecke
pancakes ['pänkäiks]	Pfannkuchen

pastries ['päistris]	Gebäck
rice pudding ['rais 'pudding]	Reisbrei
root beer float [rut biə flot]	Rootbier (Limonade) mit Vanilleeis
stewed fruit ['stjuhd 'fruht]	Kompott
trifle ['traifl]	Löffelbiskuit mit Sherry, Früchten, Vanillesoße und Schlagsahne

FRUIT [ˌfruht] | OBST

Zeigebilder: Seite 42

apples ['äpls]	Äpfel
apricots ['äiprikots]	Aprikosen
bananas [bə'nahnəs]	Bananen
blackberries ['bläkbris]	Brombeeren
cherries ['tschäris]	Kirschen
coconut ['kəukənat]	Kokosnuss
dates [däits]	Datteln
figs [figs]	Feigen
gooseberries ['gusbəris]	Stachelbeeren
grapefruit ['gräipfruht]	Pampelmuse
grapes [gräips]	Weintrauben
lemon ['lämən]	Zitrone
mandarin ['mändərin], **tangerine** [ˌtänschə'rihn]	Mandarine
melon ['mälən]	Melone
honeydew melon ['hanidjuh ˌmälən]	Honigmelone
watermelon ['wohtəˌmälən]	Wassermelone
oranges ['orindschis]	Apfelsinen
peaches ['pihtschis]	Pfirsiche
pears [peəs]	Birnen
pineapple ['painˌäpl]	Ananas
plums [plams]	Pflaumen
pumpkin ['pampkin]	Kürbis
rhubarb ['ruhbahb]	Rhabarber
strawberries ['strohbris]	Erdbeeren
southern pecan ['saθən pi'kan]	Pekan-Nuss

ALCOHOLIC DRINKS [ˌälkəholik drinks] | ALKOHOLISCHE GETRÄNKE

beer [biə]	Bier
bitter [ˈbitə]	halbdunkles Bier vom Fass
mild [maild]	dunkles Bier vom Fass
light/pale ale [ˈlait/ˈpäil ˈäil]	helles Flaschenbier
stout [staut]	Starkbier
lager [ˈlahgə]	helles Bier
wine [wain]	Wein
red [räd]	rot
white [wait]	weiß
dry [drai]	trocken
sweet [swiht]	lieblich
light [lait]	leicht
table wine [ˈtäibl wain]	Tafelwein
champagne [schämˈpäin]	Champagner
sparkling wine [ˈspahkling wain]	Sekt
cider [ˈsaidə]	Apfelwein
cognac/brandy [ˈkonjäk/ˈbrändi]	Kognak
gin [dschin]	Gin
liqueur [liˈkjuə]	Likör
rum [ram]	Rum
vodka [ˈwodkə]	Wodka
whisky [ˈwiski]	Whisky
malt whisky [ˈmohlt ˈwiski]	Malt Whisky

SOFT DRINKS [soft drinks] | ALKOHOLFREIE GETRÄNKE

alcohol-free beer [ˈälkəholˌfrih ˈbiə]	alkoholfreies Bier
alcohol-free wine [ˈälkəholˌfrih wain]	alkoholfreier Wein
coca cola/pepsi cola ("coke") [ˈkaukə ˈkaulə/ˈpäpsi ˈkaulə(kauk)]	Cola
soda water [ˈsaudə ˌwohtə]	Selterswasser
lemonade [ˌläməˈnäid]	Limonade
milk [ˈmilk]	Milch
mineral water [ˈminrl ˌwohtə]	Mineralwasser
tonic water [ˈtonik ˌwohtə]	Tonic
fruit juice [ˈfruht dschuhs]	Fruchtsaft
grapefruit juice [ˈgräipˌfruht dschuhs]	Grapefruitsaft
lemon juice [ˈlämən dschuhs]	Zitronensaft
orange juice [ˈorindsch dschuhs]	Orangensaft
root beer [ˈrut ˌbiə]	süße, dunkle Limonade
tomato juice [təˈmahtəu dschuhs]	Tomatensaft

GETRÄNKEKARTE

HOT DRINKS [hot drinks] | WARME GETRÄNKE

tea (with milk/lemon) [tih (wiθ 'milk/'lämən)]	Tee (mit Milch/Zitrone)
coffee (with cream/milk) ['kofi (wiθ 'krihm/'milk)]	Kaffee (mit Sahne/Milch)
decaffeinated coffee [di'käfin,äitid 'kofi]	koffeinfreier Kaffee
chai latte [tschai 'lätei]	Chai Latte
hot chocolate ['hot 'tschoklit]	heiße Schokolade

CAFÉ/ICE-CREAM PARLOUR [käfei/'ais krihm 'pahlə] | CAFÉ/EISDIELE

milk shake ['milk scheik]	Milchmixgetränk
cream [kri:m]	Sahne
ice(-cream) ['ais ('krihm)]	Eis
banana split [bə'nahnə 'split]	Eis mit Banane
chocolate ice ['tschoklit 'ais]	Schokoladeneis
knickerbocker glory ['nikə,bokə 'glohri]	Spezialeisbecher
peach melba ['pihtsch 'melbə]	Eisbecher mit Pfirsich
strawberry ice ['strohbri 'ais]	Erdbeereis
sundae ['sandei]	Eisbecher (allgemein)
iced coffee ['aist 'kofi]	Eiskaffee
apple tart ['äpl 'taht]	Apfelkuchen
bun [bann]	Rosinenbrötchen
cherry cake ['tscheri keik]	Rührkuchen mit Glacé-Kirschen
doughnut ['daunat]	Krapfen, Berliner
fruit cake ['fruht keik]	Kuchen mit Trockenfrüchten
scone (with butter) [skon (wiθ 'battə)]	Teegebäck (mit Butter)
Swiss roll ['swis 'rəul]	mit Marmelade gefüllte Biskuitrolle

WIE DIE EINHEIMISCHEN

Insider Tipp

Englisch ≠ englisch

Wenn man in Großbritannien ein blutiges Steak essen will, wäre es falsch, „englisch" zu bestellen, sondern man sollte sich der Skala *well done* (gut durch), *medium* (medium), *medium rare* (halb blutig) bis *rare* (blutig) bedienen. Es ist eine absolute Ausnahme, dass ein Brite sein Steak blutig haben will, d. h., die deutsche Bezeichnung „englisch" ist alles andere als englisch!

> ERFOLGREICH SHOPPEN

Mal ist es der schicke Schuh oder das schöne Souvenir, mal die Zahnbürste oder das Vollkornbrot – jetzt sind Sie für alle Eventualitäten gerüstet. Plus: praktische Zeigebilder

IM GESCHÄFT | IN THE SHOP [in θə schop]

Danke, ich sehe mich nur um.	Thanks. I'm just looking around. [θänks aim dschast 'luking ə'raund]
Wo finde ich ... ?	Where can I find …? ['weə kən_ai 'faind ...]
Ich möchte ...	I'd like … [aid 'laik]
Haben Sie ...?	Have you got …? ['həw_ju got]
Nehmen Sie Kreditkarten?	Do you take credit cards? [du_ju täik 'kräditkahds]
Wie viel kostet es?	How much is it? ['hau 'matsch is_it]
Das ist aber teuer.	That's a bit expensive. [θäts ə bit iks'pänsiw]
Können Sie am Preis noch etwas machen?	Is there any chance of a discount? [is θäər 'äni tschäns əw ə 'diskaunt]

EIN KAUFEN

Ich zahle höchstens ... | The maximum I'm prepared to pay is … [θə mäksəmöm aim präpead tu päi is]

Ich nehme es. | I'll take it. [ail 'täik_it]

Können Sie mir ein ...geschäft empfehlen? | Can you recommend a … shop? [kən_ju ˌräkə'mänd_ə schop]

ÖFFNUNGSZEITEN OPENING HOURS ['əupning auəs]

offen | open ['əupən]

geschlossen | closed [kləusd]

Betriebsferien | closed for holidays [kləusd fə_'holədis]

GESCHÄFTE | SHOPS [schops]

tourist information
[tuhrist infə'mäischn]

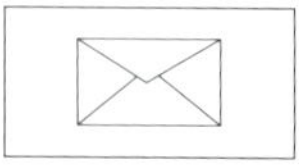
post office
['pəust‿ofis]

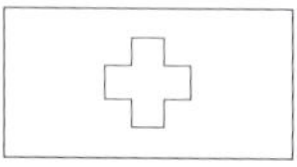
chemist's
['kämists]

chemist's
['kämists]

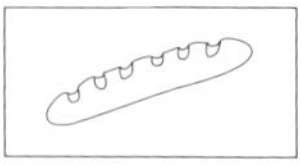
baker's
['bäikəs]

greengrocer's
['grihnˌgrəusəs]

butcher's
['butschəs]

organic food shop
[oh'gähnik fuhd schop]

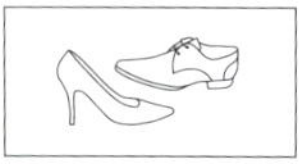
shoe shop
['schuh schop]

optician's
[op'tischəns]

jeweller's
['dschuhələs]

leather shop
['läθə schop]

electrical goods
[i'läktrikəl guds]

computer shop
[kompjuhtə schop]

photographic materials
[ˌfəutə'gräfik mə'tiəriəls]

mobile communications centre
[məubail 'kohmjuhnəkäischns 'säntə]

newsagent's
['njuhsˌäidschənts]

bookshop
['bukschop]

music shop
['mjuhsik schop]

toy shop
['toi schop]

wine merchant's
['wain ˌmöhtschənts]

off-licence
['ofˌlaisns]

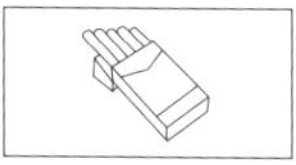
tobacconist's
[tə'bäkənists]

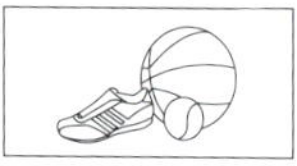
sports shop
['spohts schop]

florist's
['florists]

hairdresser's/barber's
['heəˌdräsəs/['bahbəs]

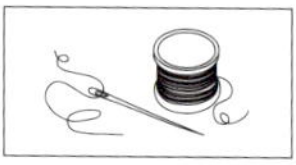
household goods
['haushəuld guds]

travel agency
['träwl 'äidschənsi]

Einkaufszentrum	shopping centre ['schopingˌsäntə] (Am shopping mall ['schoping mäl])
Flohmarkt	flea market ['flihˌmahkit]
Kaufhaus	department store [di'pahtmənt stoh]
Markt	market ['mahkit]
Reiseandenken	souvenir shop ['suhwəniə schop]
Supermarkt	supermarket ['suhpəˌmahkit]

EINKAUFEN

APOTHEKE | CHEMIST'S ['kämists]

Arzt: Seite 104 ff.

Wo ist die nächste Apotheke?	Where's the nearest chemist's? ['weəs θə 'niərist 'kämists]
Geben Sie mir bitte etwas gegen ...	Can you give me something for ...? [kən ju giw mi 'samθing fə ...]
Dieses Mittel ist rezeptpflichtig.	You need a prescription for this. [ju nihd_ə pri'skripschn fə 'θis]

MAN NEHME ... TAKE ... [täik]

innerlich	for internal use [fər_in'töhnl 'juhs]
äußerlich	for external use [fər_äks'töhnl 'juhs]
auf nüchternen Magen	on an empty stomach [on_ən_'ämpti 'stamək]
vor dem Essen	before meals [bi'foh 'mihls]
nach dem Essen	after meals ['ahftə 'mihls]
im Mund zergehen lassen	let it dissolve/melt in your mouth ['lät_it di'solw/'mält in_joh 'mauθ]

weiter auf Seite 60.

WIE DIE EINHEIMISCHEN

Insider Tipps

Nehmen Sie Kreditkarten?
Wenn Sie in den USA etwas Teureres einkaufen, z. B. Unterhaltungselektronik oder Designerkleidung, lohnt sich meist die Frage, ob man es auf steuerfreier Basis erwerben kann (*tax-free shopping* [täks_fri schoping]). Nach Vorlage des Reisepasses bekommt man dann die Ware um Einiges billiger, d. h. mehrwertsteuerfrei (Am *free of sales tax* [fri əw säils täks]/Brit *free of VAT* [fri əw wät]).

Schlange stehen
Die Briten sind dafür bekannt, dass sie in vielen Situationen ordentlich und geduldig Schlange stehen (*to queue* [tu 'kjuh] / *stand in a queue* [ständ in_ə 'kjuh]). Besucher sollten sich dieser Gewohnheit anpassen, denn Vordrängeln gilt als extrem unhöflich.

Sweetheart
"Sweetheart!" [swihthat], *"Dearie!"* [diəri], *"Darling"* ['dahling] (= „Mein Schatz"/„Mein Liebling"): Erschrecken Sie nicht, wenn Sie so im Geschäft, am Telefon oder sonst wo angesprochen werden. Es ist nicht anzüglich gemeint, sondern nur freundlich. Engländer und Amerikaner gehen mit diesen Wörtern recht großzügig um.

DROGERIE | CHEMIST'S ['kämists]

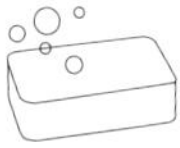
soap
[səup]

deodorant
[dih'əudərnt]

cream
[krihm]

toilet-paper
['toilit,päipə]

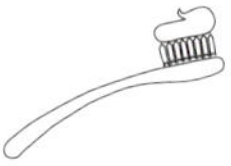
toothbrush
['tuhθbrasch]

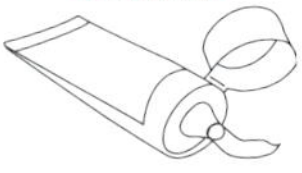
toothpaste
['tuhθpäist]

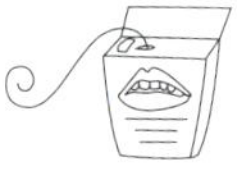
dental floss
[däntl flohs]

paper handkerchiefs
['päipə 'hänkətschifs]

shampoo
[schäm'puh]

hairspray
['heəsprei]

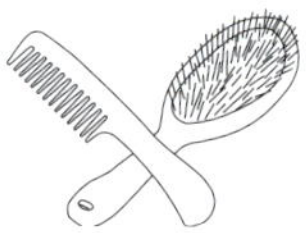
comb/hairbrush
[kəum/'heəbrasch]

mirror
['mirə]

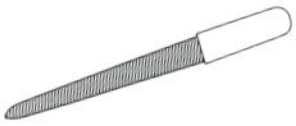
nail-file
['näilfail]

tweezers
['twihsəs]

nail scissors
['näil ,sisəs]

perfume
['pöhfjuhm]

tampons
['tämpəns]

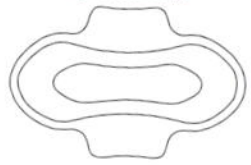
sanitary towels
['sänitri 'tauəls]

mascara
[mä'skahrə]

lipstick
['lipstik]

razor blade
['räisə bläid]

razor
['räisə]

after-shave lotion
['ahftəschäiw ,ləuschn]

condom
['kondəm]

suntan lotion
['santän ,ləuschn]

hot-water bottle
[hot 'wohtə 'botl]

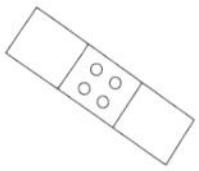
plaster
['plahstə]

ear protection
[ihə prəutäkschn]

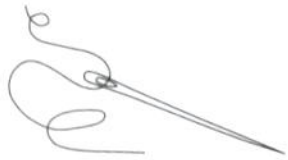
needle
[nihdl]

thread
[θräd]

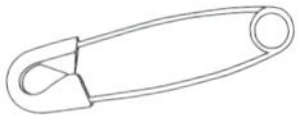
safety pins
['säifti pins]

button
[batn]

ELEKTRO/COMPUTER/FOTO
ELECTRICAL GOODS/COMPUTER/PHOTOGRAPHY
[i'läktrkəl guds/kompjuhtə/fəut'əgräfi]

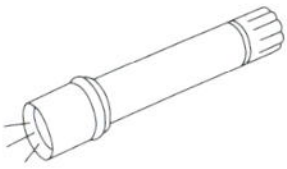
torch
[tohtsch]

light bulb
[lait balb]

battery
['bätri]

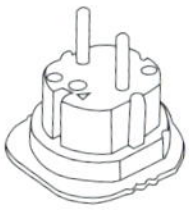
adapter
[ə'däptə]

laptop
[läptop]

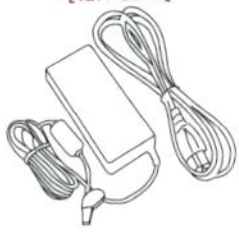
battery charger lead
['bätri tschahdschə lid]

CD/DVD
[sidi/diwidi]

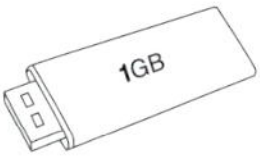

memory stick
[mäməri stik]

printer
[prihntə]

scanner
[skänə]

mobile (phone)
[məubail (fəun)]

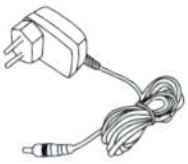
battery charger
['bätri tschahdschə]

television
['täliwischn]

radio
['räidiəu]

MP3 player/iPod
[äm p θrih pläə/aipod]

headphones
['hädfəuns]

digital camera
[didschitl kämrə]

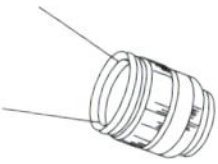
telephoto lens
['täli,fəutəu läns]

rechargeable battery
['ritschahdschəbl 'bätri]

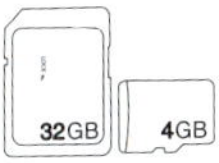

memory card
[mäməri cahd]

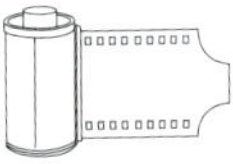
film
['film]

tablet
['täblət]

underwater camera
['andə'wohtə kämrə]

film camera
['film ,kämrə]

alarm clock
[älahm klok]

electric shaver
[i'läktrik schäiwr]

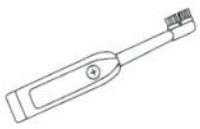
electric toothbrush
[i'läktrik 'tuhθbrasch]

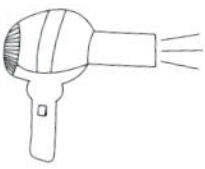
hair-dryer
['heə,draiə]

Abführmittel	laxative ['läksətiw]
Antibabypillen	contraceptive pills [ˌkontrə'säptiw pils]
Antibiotikum	antibiotics [ˌäntibai'otiks]
Aspirin®	aspirin ['äsprin]
Augentropfen	eye drops ['ai drops]
Beruhigungsmittel	sedative ['sädətiw], tranquilizer ['tränkwilaisə]
Brandsalbe	ointment for burns ['ointmənt fə 'böhns]
Desinfektionsmittel	disinfectant [ˌdisin'fäktənt]
Elastikbinde	elastic bandage [i'lästik 'bändidsch]
Fieberthermometer	thermometer [θə'momitə]
Gegengift	antidote ['äntidəut]
Halstabletten	throat lozenges ['θrəut 'losinschis]
Hustensaft	cough mixture ['kof 'mikstschə]
Insektenmittel	insect repellent ['insäkt ri'pälənt]
Jod(tinktur)	(tincture of) iodine [('tinktschər əw) 'aiədihn]
Kamillentee	camomile tea ['kämәmail 'tih]
Kohletabletten	charcoal tablets ['tschahkəul ˌtäblits]
Kondom	condom ['kondəm]
Kopfschmerztabletten	headache tablets ['hädäik 'täblits]
Kreislaufmittel	cardiac stimulant ['kahdiäk 'stimjulənt]
Magenmittel	stomachic [stə'mäkik]
Medikament	medicine ['mädsn]
Mullbinde	gauze bandage ['gohs 'bändidsch]
Nebenwirkungen	side effects ['said i'fäkts]
Ohrentropfen	ear drops ['iə drops]
Pflaster	plaster ['plahstə]
Pille danach	morning-after pill [mohning‿'ahftə pil]
Rezept	prescription [pris'kripschn]
Salbe	ointment ['ointmənt]
Schmerztabletten	pain-killing tablets ['päinˌkiling 'täblits]
Sonnenbrand	sunburn ['sanˌböhn]
Tablette	tablet ['täblit], pill [pil]
Traubenzucker	glucose ['gluhkəus]
Tropfen	drops [drops]
Zäpfchen	suppository [sə'positəri]

FRISEUR | HAIRDRESSER'S ['heəˌdräsəs]

Kann ich mich für morgen anmelden?	Can I make an appointment for tomorrow? [kən‿ai mäik‿ən ə'pointmənt fə tə'morəu]
Schneiden mit/ ohne Waschen, bitte.	Wash and cut/Dry cut, please. ['wosch‿ən 'kat/'drai 'kat plihs]

Nicht zu kurz/Ganz kurz/ Etwas kürzer, bitte.	Not too short/Very short/A bit shorter, please. ['not 'tuh 'schoht/'wäri 'schoht/ə 'bit 'schohtə plihs]
Rasieren, bitte.	I'd like a shave, please. [aid laik_ə 'schäiw plihs]
Stutzen Sie mir bitte den Bart.	Would you trim my beard, please? [wud_ju 'trim_mai 'biəd plihs]
Vielen Dank. So ist es gut.	Thank you. That's fine. ['θänkju. θäts 'fain]

Augenbrauen zupfen	pluck (your) eyebrows [plak (juhr) aibräus]
Bart	beard [biəd]
färben	to dye [dai]
föhnen	to blow dry ['bləu 'drai]
frisieren	to do someone's hair [duh 'samwans 'heə]
Frisur	hairstyle ['heəstail]
glätten	straighten [sträitn]
Haar	hair [heə]
~schnitt	haircut ['heəkat]
kämmen	to comb [kəum]
Locken	curls [köhls]
Pony	fringe [frihndsch]
Scheitel	parting ['pahting]
Schnurrbart	moustache [məs'tahsch]
Schuppen	dandruff ['dändraf]
Shampoo	shampoo [schäm'puh]
Spitzen schneiden	cut the ends [kuht θə änds]
Strähne	highlight [hailait]
Stufen	layers [läiəs]
tönen	to tint [tint]

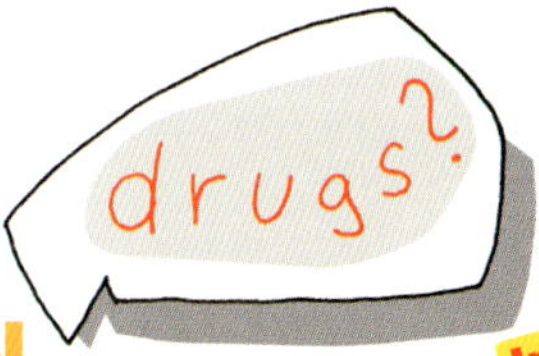

WIE DIE EINHEIMISCHEN

Insider Tipps

Drugstore

In amerikanischen Drugstores werden zwar pharmazeutische Produkte *(drugs)* verkauft, aber ihr Hauptgeschäft besteht aus Erfrischungsgetränken, Süßigkeiten, Eisspezialitäten, Zeitschriften und Lebensmitteln.

Hairs

Vermeiden Sie tunlichst den Plural von *hair, hairs.*

Lassen Sie sich vom Friseur lediglich das Haar und nicht die Haare schneiden. *Hairs* bedeutet nämlich „Schamhaare". Für die normalen Haare gibt es keinen Plural.

KLEIDUNG | CLOTHING [klohθing]

Können Sie mir ... zeigen?	Can you show me ...? [kən‿ju 'schəu mi]
Kann ich es anprobieren?	Can I try it on? [kən‿ai 'trai‿it‿'on]
Welche (Konfektions-) Größe haben Sie?	What size do you take? [wot 'sais du‿ju täik]
Das ist mir zu klein/groß.	It's too small/big. [its tuh 'smohl/'big]
Das passt gut. Ich nehme es.	It's a good fit. I'll take it. [its‿ə 'gud 'fit. ail 'täik‿it]
Das ist nicht ganz, was ich möchte.	It's not quite what I wanted. [its 'not 'kwait wot‿ai 'wontid]
Haben Sie das auch noch in einer anderen Farbe?	Do you have it in a different colour? [du juh häw‿it in ə ˌdifrənt 'kalə]
Danke, ich denke nochmals darüber nach.	Thank you. I'll have to think about it. [θänkju ail häw tu θink ə'baut it]

KONFEKTIONSGRÖSSEN IN GROSSBRITANNIEN UND DEN USA

DAMENKLEIDER, KOSTÜME, MÄNTEL USW.

Amerikanisch	10	12	14	16	18	20	22
Britisch	12	14	16	18	20	22	24
Deutsch	38	40	42	44	46	48	50

HERRENANZÜGE, MÄNTEL USW.

Britisch	36	38	40	42	44	46
Deutsch	46	48	50	52	54	56

HERRENHEMDEN (KRAGENWEITE)

Britisch	13	13½	14	14½	15	15½	15¾	16	16½	17	17½
Deutsch	34	35	36	37	38	39	40	41	42	43	44

WIE DIE EINHEIMISCHEN

Insider Tipp

It fits like a glove [it 'fits laik‿ə glaw]

... („es passt wie ein Handschuh"), sagt man auch bei anderen Kleidungsstücken: „Es passt wie angegossen."

> www.marcopolo.de/englisch

T-shirt
['tischöht]

pullover
['pul,əuwə]

hooded pullover (hoody)
[hudid 'puləuwə (hudi)]

jacket
['dschäkit]

trousers
['trausəs]

shorts
[shohts]

skirt
[sköht]

belt
[bält]

blouse
[blaus]

shirt
[schöht]

(sports)jacket
[('spohts)'dschäkit]

cardigan
['kahdigən]

suit
[sjuht]

dress
[dräs]

suit
[sjuht]

coat
[kəut]

tights
[taits]

underwear
[andahwəa]

bathrobe
[bäθrəub]

socks/stockings
[soks/'stokings]

bathing trunks
['bäiθing tranks]

swimming costume
['swiming 'kostjuhm]

bikini
[bi'kihni]

cap
[käp]

hat
[hät]

gloves
[glaws]

scarf
[skahf]

LEBENSMITTEL | FOOD AND DRINK [fuhd änd drink]

> Eine ausführliche Übersicht von Lebensmitteln und Gerichten finden Sie im Kapitel **ESSEN UND TRINKEN** auf Seite 40 ff.

Was ist das?	What's that? [wots 'θät]
Kann ich es probieren?	Can I try it? [kən_ai 'trai it]
Verkaufen Sie ...?	Do you sell ... ? [du juh säl]
Bioprodukte	organic products ['ohgänik prodakts]
Produkte aus der Region	local products ['ləukl prodakts]
Geben Sie mir bitte ...	I'd like ... [aid laik]
ein Pfund (500 g) ...	a pound (500 g) of ... [ə paundəw]
ein Stück von ...	a piece of ... [ə 'pihs_əw]
eine Packung ...	a packet of ... [ə 'päkit_əw]
ein Glas .../eine Dose .../ eine Flasche ...	a jar of .../a tin of .../a bottle of ... [ə 'dschahr_əw/ə 'tin_əw/ə 'botl_əw]
eine Einkaufstüte.	a bag, please. [ə 'bäg plihs]
Danke, das ist alles.	No, thank you. That's all. ['nəu 'θänkju. θäts_'ohl]

Biokost	organic food [oh'gänik 'fuhd]
Brot/Backwaren	bread/baker's products [bräd/'bäikəs prəudakts] > S. 43, 46, 53
Butter	butter ['batə] > S. 43, 46
Eier	eggs [ägs] > S. 43, 46
Eis(krem)	ice-cream [ˌais'krihm]
Essig	vinegar ['winigə]
Fisch	fish [fisch] > S. 45, 47
Fleisch	meat [miht] > S. 44, 48
frisch	fresh [fräsch]
Gemüse	vegetables ['wädschtəbls] > S. 41, 49
Getränke	beverages/drinks [bävəräidschəs/drinks] > S. 45, 52 f.
Kaffee	coffee ['kofi] > S. 45, 52
Käse	cheese [tschihs] > S. 43, 50
(ohne) Konservierungsstoffe	(without) preservatives [(wi'θaut) pri'söhwətiws]
Marmelade	jam [dschäm] > S. 46
Mehl	flour ['flauə]
Milchprodukte	dairy products [däiri prəudakts] > S. 43
Obst	fruit [fruht] > S. 42, 51
Öl	oil [oil]
Pfeffer	pepper ['päpə]
Sahne	cream [krihm]
Salz	salt [sohlt]
Süßigkeiten	sweets [swihts] > S. 50 f., 53
Vollkorn	wholemeal ['həulmihl]
(ohne) Zucker	(without) sugar [(wiθaut) schuhgə]

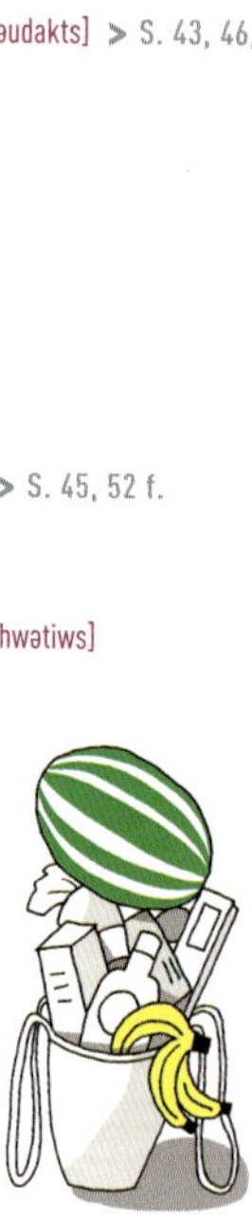

EINKAUFEN

OPTIKER | OPTICIAN'S [op'tischəns]

Würden Sie mir bitte diese Brille reparieren?	Could you repair these glasses for me, please. [kud ju ri'peə θihs 'glahsis fə mi plihs]
Ich bin kurzsichtig/weitsichtig.	I'm short-sighted/long-sighted. [aim ˌschoht'saitid/ˌlong'saitid]
Wie ist Ihre Sehstärke?	What's your acuity? ['wots‿johr‿ə'kjuhəti]
rechts plus/minus ..., links ...	plus/minus … in the right eye, … in the left eye … ['plas/'mainəs in θə 'rait‿ai, in θə 'läft‿ai]
Wann kann ich die Brille abholen?	When can I pick up the glasses? ['wän kən‿ai 'pikˌap θə 'glahsis]
Ich brauche Reinigungslösung ...	I need some cleansing solution … [ai nihd sm 'klänsing sə'luhschn]
für harte/weiche Kontaktlinsen.	for hard/soft contact lenses. [fə 'hahd/'soft 'kontäkt ˌlänsis]
Ich suche ...	I'm looking for … [aim 'luking fə]
Eintageslinsen.	daily disposable lenses. [däili disˌpəusəbl 'länsis]
eine Sonnenbrille.	some sunglasses. [sm 'sanˌglahsis]
ein Fernglas.	some binoculars. [sm bi'nokjuləs]

SCHMUCKWAREN | JEWELLER'S ['dschuhələs]

Meine Uhr geht nicht mehr. Können Sie mal nachsehen?	My watch doesn't work. Could you have a look at it? [mai 'wotsch dasnt wöhk. 'kud ju häw‿ə 'luk‿ət‿it]
Ich möchte ein schönes Andenken/Geschenk.	I'd like a nice souvenir/present. [aid 'laik ə nais suhwəniə/'präsnt]

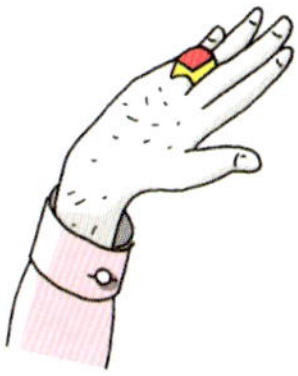

Anhänger	pendant ['pändənt]
Armband	bracelet ['bräislit]
~uhr	wristwatch ['ristwotsch]
echt	genuine [dschäinjuhin]
(Edel-)Stein	(precious) stone [präschus stəun]
Gold	gold [gəuld]
Kette	necklace ['näklis]
Modeschmuck	costume jewellery ['kostjuhm 'dschuhəlri]
Ohrringe	earrings ['iərings]
Perle	pearl [pöhl]
Ring	ring [ring]
Schmuck	jewellery ['dschuhəlri]
Silber	silver ['silwə]
wasserdicht	waterproof ['wohtəpruhf]

SCHUHGESCHÄFT | SHOE SHOP ['schuh schop]

Ich möchte ein Paar ...schuhe.	I'd like a pair of … shoes. [aid laik_ə peər_əw 'schuhs]
Schuhgröße ...	Size … ['sais]
Sie sind zu eng/weit.	They're too narrow/wide. [θeə 'tuh 'närəu/'waid]

SCHUHGRÖSSEN (DAMEN) IN GROSSBRITANNIEN UND DEN USA:

BRIT.	2½	3½	4	5	6	6½	7	8	9	9½
AM.	4	5	6	7	8	9	10	11	12	13
DEUTSCH	35	36	37	38	39	40	41	42	43	44

(mit) Absatz	(with) heel [(wiθ) hihl]
Damenschuh	ladies' shoe ['läidis schuh]
Leder-/Gummisohle	leather/rubber sole ['läθə/'rubə səul]
Männerschuh	men's shoe [mäns schuh]
Mokassin	mocassin [mohkäsən]
Sandalen	sandals ['sändls]
Stiefel	boots [buhts]
Turnschuhe	trainers ['träinəs]
Wander-/Trekkingschuh	hiking boots [haiking buhts]

SOUVENIRS | SOUVENIRS [suhwəniəs]

Ich hätte gern ...	I'd like ... [aid 'laik]
ein schönes Andenken.	a nice souvenir. [ə nais suhwəniə]
etwas Typisches aus dieser Gegend.	something typical of this area. [samθing tipəkl əw 'θis 'əəriə]
Ich möchte etwas nicht zu Teures.	I'd like something that's not too expensive. [aid 'laik samθing θäts nat tu iks'pänsiw]
Können Sie mir das bitte als Geschenk verpacken?	Can you gift-wrap it for me, please? [kən juh 'gifträp_it fə mih plihs]

EINKAUFEN

Danke schön, ich habe nichts gefunden, was mir gefällt.	Thanks, but I didn't find anything I liked. [θänks bat ai didnt faind 'äniθing ai laikt]
echt	genuine [dschänjuhin]
handgemacht	hand-made [händmäid]
Keramik	ceramics [särahməks]
Mitbringsel	souvenir [suhwəniə]
regionale Produkte/Spezialitäten	local products/specialities [ləukl prəudakts/späschiahlətis]
Schmuck	jewellery ['dschuhəlri]
Töpferwaren	pottery [pohtəri]

SCHREIBWAREN UND BÜCHER
STATIONERY AND BOOKS [ˌstäischnöri ən buks]

Haben Sie deutsche Zeitungen/Zeitschriften?	Do you sell German newspapers/magazines? [dju säl 'dschöhmən 'njuhsˌpäipəs/ˌmägə'sihns]
Ich hätte gern ...	I'd like … [aid laik]
einen deutschen/englischen Roman.	a German/English novel. [ə 'dschöhmən nawl/ən 'inglisch nawl]
einen Reiseführer.	a travel guide. [ə 'träwl 'gaid]

Bleistift	pencil [pänsl]
Briefmarke/Briefumschlag	stamp/envelope [stämp/'änwələup]
Kugelschreiber	ballpoint pen ['bohlpoint 'pän]
Landkarte	map [mäp]
Postkarte	postcard ['pəustkahd]
Stadtplan	town map ['taun 'mäp]
Wanderkarte dieser Gegend	hiking map for this area [haiking mäp fə 'θis 'əəriə]
Zeichenblock	sketchbook ['skätschbuk]
Zeitschrift/Zeitung	magazine [ˌmägə'sihn]/newspaper ['njuhsˌpäipə]

WIE DIE EINHEIMISCHEN

Insider Tipp

Rubber

Mit dem Wort *rubber* ['rubə] (Gummi) sollte man vorsichtig umgehen. Es ist genau so zweideutig wie das deutsche „Gummi". Je nach Kontext könnte Ihr Gesprächspartner auch „Kondom" verstehen.

> ZIMMER MIT AUSSICHT

Ob WLAN im Hotel, die Kinderbetreuung in der Ferienanlage, die Rechnung per Kreditkarte – alles nur eine Frage des Service. Äußern Sie Ihre Wünsche!

AUSKUNFT

> Reiseplanung: Seite 8 f.

Können Sie mir bitte ... empfehlen?	Can you recommend ..., please? [kən‿ju ˌräkə'mänd plihs]
ein Hotel/eine Pension	a hotel [ə həu'täl]/a guesthouse [ə 'gästhaus]
einen Campingplatz	a camping site [ə ˌkämpingsait]
Können Sie mir bitte etwas in der Nähe empfehlen?	Can you recommend anywhere nearby? [kən juh räkə'mänd‿äniwäə niə'bai]

ÜBER NACHTEN

... IM HOTEL

REZEPTION | RECEPTION DESK [ri'säpschən däsk]

Ich habe bei Ihnen ein Zimmer reserviert. Mein Name ist ...	I've reserved a room. My name's ... [aiw ri'söhwd‿ə 'ruhm. mai 'näims ...]
Haben Sie noch Zimmer frei?	Have you got any vacancies? [həw ju got‿ˌäni‿'wäikənsis]
... für eine Nacht.	... for one night. [fə 'wan 'nait]
... für zwei Tage/ eine Woche.	... for two days/a week. [fə 'tuh 'däis/ə 'wihk]

Nein, wir sind leider vollständig belegt.	No, I'm afraid we're full up. ['nəu aim_ə'fräid wiə 'ful_'ap]
Ja, was für ein Zimmer wünschen Sie?	Yes, (sir/madam,) what sort of room would you like? ['jäs (söh/'mädəm) 'wot soht_əw 'ruhm wud ju 'laik]
ein Einzelzimmer	a single room [ə 'singl ruhm]
ein Doppelzimmer	a double room [ə 'dabl ruhm]
mit Dusche	with a shower [wiθ ə 'schauə]
mit Bad	with a bath [wiθ ə 'bahθ]
ein ruhiges Zimmer	a quiet room [ə 'kwaiət ruhm]
mit Blick aufs Meer	with a view of the sea [wiθ ə 'wjuh_əw θə 'sih]
Kann ich das Zimmer ansehen?	Can I see the room? [kən_ai 'sih θə 'ruhm]
Ich nehme es.	I'll take it. [ail täik it]
Können Sie noch ein drittes Bett/Kinderbett dazustellen?	Can you put another bed/a cot in the room? [kən_ju put_ə'naθə 'bäd/ə 'kott_in θə ruhm]
Haben Sie WLAN/ein Babyfon?	Do you have wifi/a baby monitor? [du ju häw 'waifai/ə 'beibi monitəh]
Was kostet das Zimmer mit ...	How much is the room with … ['hau 'matsch is θə ruhm wiθ]
Frühstück?	breakfast? ['bräkfəst]
Halbpension?	breakfast and evening meal? ['bräkfəst_ən_'iwning 'mihl]
Vollpension?	full board? ['full 'bohd]
Wann gibt es Frühstück?	What time's breakfast? ['wot_taims 'bräkfəst]
Wo ist das Restaurant?	Where's the restaurant? [weəs θə ˌrästərohng]
Wecken Sie mich bitte morgen früh um ... Uhr.	Please wake me at … o'clock in the morning. [plihs 'wäik mi_ət o'klok_in θə 'mohning]

Frühstück: ESSEN UND TRINKEN auf Seite 46

BEANSTANDUNGEN | COMPLAINTS [kəm'pläints]

Das Zimmer ist nicht gereinigt worden.	The room hasn't been cleaned. [θə ruhm 'häsnt bin 'klihnd]
Die Dusche ...	The shower … [θə 'schauə]
Die Spülung ...	The lavatory … [θə 'läwətri]
Die Heizung ...	The heating … [θə 'hihting]
Das Licht ...	The light … [θə 'lait]
funktioniert nicht.	doesn't work. ['dasnt 'wöhk]
Es kommt kein (warmes) Wasser.	There's no (warm) water. [θeəs 'nəu (wohm) 'wohtə]
Die Toilette/Das Waschbecken ist verstopft.	The toilet/washbasin is blocked up. [θə 'toilit/'wosch‚bäisn is 'blockt 'ap]

ÜBERNACHTUNG

ABREISE | DEPARTURE [di'pahtschə]

Wann muss ich spätestens auschecken?	By what time do I have to check out? [bai wot taim du ai häw to tschäk aut]
Kann ich mein Gepäck bis (heute Abend) hierlassen?	Can I leave my luggage here till (this evening), please? [kən ai lihw mai 'lagidsch hiə til (θis_'ihwning) plihs]
Ich möchte bitte auschecken.	I'd like to check out, please. [aid ˌlaik tu tschäk aut plihs]
Ich reise heute Abend/ morgen um ... Uhr ab.	I'm leaving this evening/tomorrow at … o'clock. [aim 'lihwing θis_'ihwning/tə'morəu_ət ə'klok]
Kann ich mit Kreditkarte bezahlen?	Can I pay by credit card? [kən_ai 'päi bai 'kräditkahd]
Vielen Dank für alles. Auf Wiedersehen!	Thank you very much for everything. Goodbye! ['θänk ju 'wäri 'matsch fər_'äwriθing. ˌgud 'bai]

Abendessen	dinner ['dinə]
Adapter	adapter [ə'däptə]
Babyfon/Babysitter	baby monitor/babysitter ['beibi monitoh/'beibisitə]
Bademantel	bathrobe ['bahθrəub]
Badezimmer	bathroom ['bahθrum]
barrierefrei	disabled accessible [dis'eibld ək'sesibl]
Bett	bed [bäd]
~wäsche	bed linen ['bäd ˌlinin]
Bügeleisen	iron ['aiən]
Dusche/Duschsitz	shower/shower seat ['schauə/'schauə ˌsiht]
Etage	floor [floh], storey ['stohri]
Fenster	window ['windəu]
Frühstück	breakfast ['bräkfəst]
Frühstücksraum	breakfast room ['bräkfəst rum]
Halbpension	half board ['hahf 'bohd]
Handtuch	towel ['tauəl]
Hauptsaison	high season ['hai ˌsihsn]
Heizung	heating ['hihting]
Kinder|betreuung	babysitting service ['bäibiˌsiting 'söhwis]
~bett	cot [kot]
Spielzimmer	playroom ['pläiruhm]
Klimaanlage	air-conditioning ['eəkənˌdischning]
Kopfkissen	pillow ['piləu]
Lampe	lamp [lämp]
Mittagessen	lunch [lantsch]
Nachsaison	low season ['ləu ˌsihsn]
Nachttisch	bedside table ['bädsaid 'täibl]
~lampe	reading lamp ['rihding lämp]
Portier	porter ['pohtə]
Powernap	power nap ['pauə näp]

reinigen	to clean [klihn]
(Sofort-)Reinigung (Kleidung)	dry-cleaner's [drai'klihnəs]
Reservierung	reservation [ˌräsə'wäischn]
Restaurant	restaurant [ˌrästərohng]
Rezeption	reception [ri'säpschn]
rollstuhlgerecht	wheelchair-accessible ['wihltschäh ək'sesibl]
Safe	safe [säif]
Schlüssel	key [kih]
Schrank	cupboard ['kabəd]
Steckdose	(wall) socket [('wohl) 'sokit]
Stecker	plug [plag]
Toilette	lavatory ['läwətri], toilet ['toilit]
Toilettenpapier	toilet paper ['toilit ˌpäipə]
Übernachtung mit Frühstück	bed and breakfast ['bäd ən 'bräkfəst]
Vollpension	full board ['ful 'bohd]
Vorsaison	low season ['ləu ˌsihsn]
Waschbecken	washbasin ['woschˌbäisn]
Wasser	water ['wohtə]
kaltes ~	cold water ['kəuld 'wohtə]
warmes ~	warm water ['wohm 'wohtə]
WLAN	wifi ['waifai]
Wolldecke	blanket ['blänkit]
Zimmer	room [ruhm]
~mädchen	(chamber)maid [('tschäimbə)mäid]

WIE DIE EINHEIMISCHEN

Insider Tipp

Stilles Örtchen

In den USA ist es üblich, nach dem Badezimmer *(bathroom/restroom)*, „Herrenraum" *(men's room)* oder „Damenraum" *(ladies' room)* zu fragen, statt von *toilets* zu sprechen. In Großbritannien fragt man entweder *Where are the toilets?* oder nach dem *Ladies* oder dem *Gents*. Gelegentlich findet man noch Schilder mit dem etwas altmodischen *public convenience* (öffentliche Bedürfnisanstalt).

ÜBERNACHTUNG

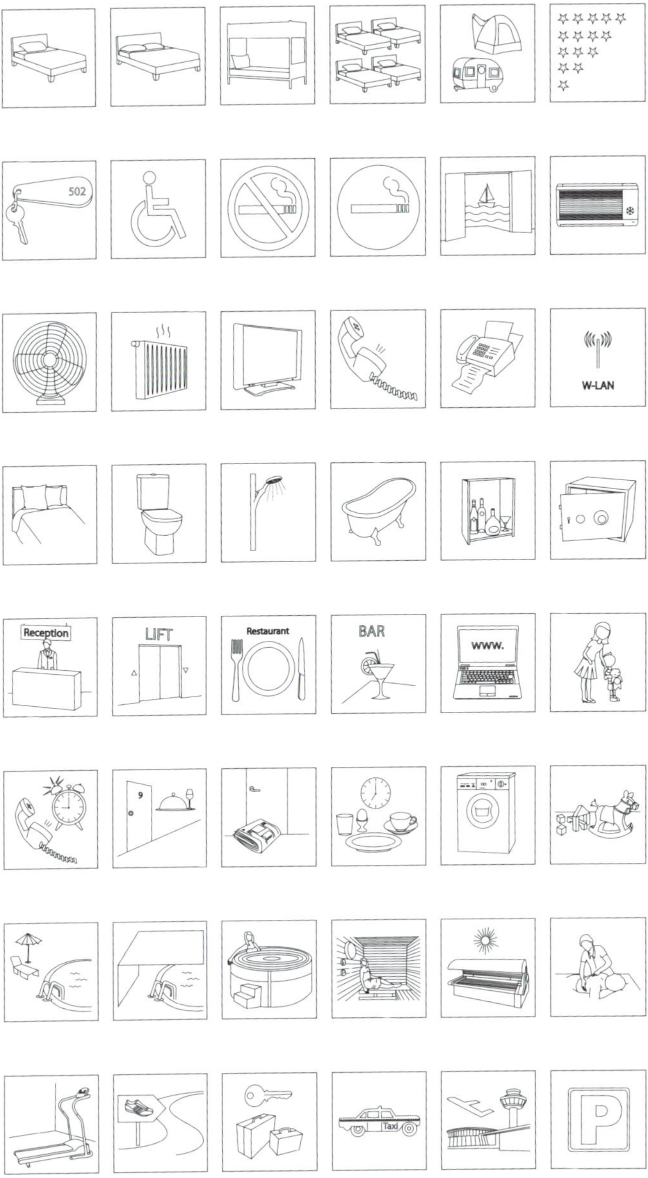

... IM FERIENHAUS

Reiseplanung: Seite 9

Sind Bettwäsche und Handtücher vorhanden?	Are bed linen and towels included? [ah bäd linen ən ˌtauls inkludid]
Wo bekommen wir die Schlüssel für das Haus/ die Wohnung?	Where can we pick up the keys to the house/ the flat? ['weə‿kən‿wi 'pikˌap θə kihs tə θə 'haus/θə 'flät]
Müssen wir die Endreinigung selbst übernehmen?	Do we have to clean the flat before we leave? [du‿wi häw‿tə 'klihn θə flät bi'foh wi 'lihw]
Wohin kommt der Müll?	Where does the rubbish (Am garbage) go? [weə das θe 'rabisch ('gahbidsch) gəu]
Gibt es hier ein Lebensmittelgeschäft?	Is there a grocery shop (Am grocery store) here? [is θeər‿ə 'grəuseri schop ('grəuseri stoh) hiə]

Anreisetag	day of arrival [däi əw ə'raiwl]
Anzahlung	deposit [di'posit]
Appartement	flat [flät] (Am apartment [ə'pahtmənt])
Bettwäsche	bed linen ['bäd ˌlinin]
Endreinigung	final cleaning [fainl klihning]
Etagenbett	bunk bed ['bank ˌbäd]
Ferien|anlage	holiday camp ['holədi kämp]
~haus	holiday home ['holədi ˌhəum]
~wohnung	holiday flat ['holədi ˌflät]
Geschirrhandtuch	tea towel ['tih ˌtauəl]
Handtuch	towel ['tauəl]
Hausbesitzer/in	landlord/landlady ['länlohd, 'länˌläidi]
Haustiere	pets [päts]
Kaution	deposit [di'posit]
Kochnische	kitchenette [ˌkitschi'nät]
Miete	rent [ränt]
Müll	rubbish ['rabisch] (Am garbage ['gahbidsch])
Mülltrennung	separation of rubbish [säpəräischn əw rabisch]
Nebenkosten	additional costs [ə'dischənl 'kosts], extras ['äkstrəs]
Schlaf|couch	studio couch ['stjuhdiəu kautsch]
~zimmer	bedroom ['bädrum]
Schlüssel	key [kih]
Strom	electricity [ˌiläk'trisəti]
vermieten	to let [lät], to rent [ränt]
Wohnzimmer	living room ['liwing rum]

plate
[pläit]

glass/glasses
[glahs/glahsis]

cup/cups
[kap/kaps]

egg cup
[äg kap]

fork
[fohk]

spoon
[spuhn]

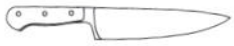
knife
[naif]

coffee spoon
[.kofi .spuhn]

stir spoon
[stuh .spuhn]

spatula
[spätschjulə]

Brit. ladle Am. dipper
[läidl] [dihpə]

whisk
[wisk]

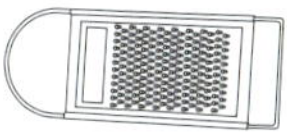
grater
[gräitə]

chopping board
[tschoping bəud]

sieve
[sihw]

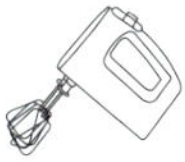
blender
[.bländə]

pot
[poht]

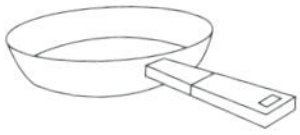
pan
[pän]

bowl
[bohl]

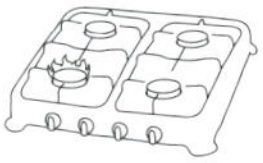
gas cooker
[gäs kukə]

oven
[awän]

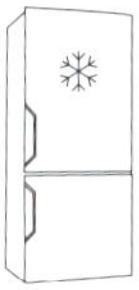
refrigerator
[ri'fridschəräitə]

dishwasher
[dischwoschə]

washing machine
[wosching mə'schihn]

kettle
[kätl]

coffee machine
['kofi mə'schihn]

coffee filter
[.kofi fihltə]

toaster
['təustə]

vacuum cleaner
[wäkjuhm klihnə]

mop
[mohp]

iron
[aiən]

clothes line
[kləus,lain]

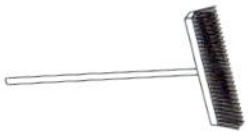
broom
[bruhm]

dustpan
[dastpän]

cleaning agent
[klihning .ädschənt]

bucket
[bakət]

... AUF DEM CAMPINGPLATZ

Haben Sie noch Platz für einen Wohnwagen/ ein Zelt?	Have you got room for another caravan/tent? [həw_ju got ruhm fər_ə'naθə 'kärəwän/'tänt]
Wie hoch ist die Gebühr pro Tag und Person?	How much does it cost per day and person? ['hau 'matsch das_it 'kost pə 'däi_ən 'pöhsn]
Wie hoch ist die Gebühr für ...	What's the charge for ... ['wots θə 'tschahdsch fə]
das Auto?	the car? [θə 'kah]
den Wohnwagen/ das Wohnmobil?	the caravan/the mobile home? [θə 'kärəwän/θə 'məubail 'həum]
das Zelt?	the tent? [θə 'tänt]
Wir bleiben ... Tage/ Wochen.	We'll be staying for ... days/weeks. [wihl bi 'stäiing fə 'däis/'wihks]
Gibt es hier ein Lebensmittelgeschäft?	Is there a food store here? ['is θeər_ə 'fuhd stoh hiə]
Wo sind die ...	Where are the ... ['weər_ə θə]
Toiletten?	toilets? ['toilits]
Waschräume?	washrooms? ['wosch,ruhms]
Gibt es hier Stromanschluss?	Are there electric points here? ['ah θeər_i'läktrik 'points hiə]
Haben Sie 220 oder 110 Volt?	Is it 220 or 110 volts? [is_it 'tuh'handrəd ən 'twänti_ohr_ə'handrəd_ən 'tän ,waults]

Benutzungsgebühr	(hire) charge [('haiə) tschahdsch]
Brennspiritus	methylated spirits [.mäθiläitid .spirits]
Campingplatz	camping-site ['kämpingsait]
Dosenöffner	tin-opener [.tin''əupnə]
Essbesteck	knife, fork and spoon [.naif .fohk ən .spuhn]
Flaschenöffner	bottle-opener [.botl''əupnə]
Geschirrspülbecken	sink [sink]
Grill/Grillkohle	grill/charcoal [gril/'tschahkəul]
Hammer/Spaten	mallet/spade ['mälit/späid]
Hering	tent peg ['tänt päg]
Kerzen	candles [.kändls]
Kinderspielplatz	children's playground ['tschildrəns 'pläigraund]
Kocher	cooker ['kukə]
Korkenzieher	corkscrew [.kohkskruh]
leihen/Leihgebühr	hire/hire charge ['haiə/'haiə tschahdsch]
Petroleum/~lampe	paraffin/paraffin lamp [.pärəfin/'pärəfin lämp]
Schlafsack	sleeping bag ['slihping bäg]
Steckdose	(wall) socket [('wohl) 'sokit]
Strom/Stromanschluss	electricity/electric point [,iläk'trisəti/i'läktrik 'point]
Taschenlampe	torch [tohtsch]

Taschenmesser	pocket knife [ˌpokit naif]
Trinkwasser	drinking water ['drinking ˌwohtə]
Voranmeldung	booking ['buking]
Wasser	water ['wohtə]
Wohn|mobil	camper ['kämpə]
~wagen	caravan ['kärəwän]
Zelt	tent [tänt]
~stange	tentpole ['täntpəul]

... IN DER JUGENDHERBERGE

Kann ich bei Ihnen Bettwäsche/einen Schlafsack leihen?	Can I hire bed linen/a sleeping-bag? [kən‿ai 'haiə 'bäd linin/ə 'slihpingbäg]
Die Eingangstür wird um 24 Uhr abgeschlossen.	The front door is locked at midnight. [θə 'frant 'dohr‿is 'lokt‿ət 'midnait]

Internet	Internet [ˌintənät]
Jugendherberge	youth hostel ['juhθˌhostl]
Jugendherbergsausweis	youth hostelling card ['juhθˌhostəling kahd]
Küche	kitchen [ˌkitschin]
Mitgliedskarte	membership card ['mämbəschip kahd]
Schlafsaal	dormitory ['dohmitri]
Schlafsack	sleeping bag ['slihping bäg]
Waschraum	washroom ['woschrum]

WIE DIE EINHEIMISCHEN

Insider Tipp

Gefährliche Tiere

Campingplätze *(camping sites)* gibt es in der Nähe aller größeren Städte. In den USA und Großbritannien ist es erlaubt, wild zu zelten. Allerdings sollte man auf privaten Grundstücken sein Zelt nur mit Erlaubnis der Eigentümer aufstellen. Schilder wie *No trespassing!* oder *Trespassers will be prosecuted!* weisen darauf hin, dass das unerlaubte Betreten eines Geländes zur Anzeige gebracht wird (*to trespass* = unbefugt betreten). In Nationalparks oder ähnlichen Einrichtungen sollte man unbedingt auf Hinweise bezüglich Feuer (*No fires!* oder *No campfires!*), Müllentsorgung *(Waste disposal)*, gefährliche Tiere *(Dangerous animals)* usw. achten.

> WAS UNTERNEHMEN WIR?

Ob authentischer Kochkurs, spannende Wandertour oder großartiger Theaterabend: Die nächsten Seiten helfen Ihnen dabei, jede Menge Urlaubsabenteuer zu erleben.

AUSKUNFT

Kann ich einen Stadtplan haben?	I'd like a map of the town, please. [aid ˌlaik ə ˌmäp əw θə ˌtaun plihs]
Welche Sehenswürdigkeiten gibt es hier?	What places of interest are there here? ['wot 'pläisis əw 'intrist ah θäə hiə]
Gibt es Stadtrundfahrten?	Are there sightseeing tours of the city? ['ah‿θeə 'saitˌsihing tuəs‿əw θə 'siti]
Was kostet die Rundfahrt?	How much does the tour cost? ['hau 'matsch das θə 'tuə 'kost]

VOLLES PROGRAMM

SEHENSWÜRDIGKEITEN/MUSEEN

Wann ist das Museum geöffnet?	When's the museum open? ['wäns θə mju'siəm 'əupn]
Wann beginnt die Führung?	When does the tour start? ['wän das θə 'tuə 'staht]
Gibt es auch eine Führung auf Deutsch/Englisch?	Is there a guided tour in German/English? [is θäər ə ˌgaidid ˌtuə in ˌdschöhmən/'inglisch]
Ist das ...?	Is this (that) …? [is 'θis ('θät) ...]
Darf man hier fotografieren?	Can we take pictures here? [kän wi teik 'piktschəs hiə]

Altar	altar ['ohltə]
Altstadt	the old town [θi 'əuld 'taun]
Architektur	architecture ['ahkitäktschə]
Audioguide	audio guide ['ohdiəu gaid]
Ausgrabungen	excavations [ˌäkskə'wäischns]
Ausstellung	exhibition [ˌäksi'bischn]
Besichtigung	tour [tuə]
Bild	picture ['piktschə]
~hauer	sculptor ['skalptə]
Burg	castle ['kahsl]
Denkmal	monument ['monjumənt]
Dom	cathedral [kə'θihdrl]
Festung	fortress ['fohtris], castle ['kahsl]
Fremdenführer	guide [gaid]
Friedhof	cemetery ['sämitri]
Führung	guided tour ['gaidid 'tuə]
Galerie	gallery ['gäləri]
Gebäude	building ['bilding]
Gemälde	painting ['päinting]
Gottesdienst	service ['söhwis]
Innenstadt	city centre ['siti 'säntə], town centre ['taun 'säntə]
Kaiser/in	emperor ['ämprə]/empress ['ämpris]
Kapelle	chapel ['tschäpl]
Kathedrale	cathedral [kə'θihdrl]
Kirche	church [tschöhtsch]
König/in	king [king]/queen [kwihn]
Maler/in	painter ['päintə]
Malerei	painting ['päinting]
Museum	museum [mjuh'siəm]
Palast	palace ['pälis]
Plastik	sculpture ['skalptschə]
Platz	square [skweə]
Rathaus	town hall ['taun 'hohl] (Am city hall ['siti 'hohl])
Restaurierung	restoration [ˌrästə'räischn]
Ruine	ruin ['ruhin]
Schloss	castle ['kahsl]
Sehenswürdigkeiten	sights [saits]
Stadtrundfahrt	sightseeing tour of the town/city ['saitˌsihing'tuər əw θə 'taun/'siti]
Turm	tower ['tauə]
Zeichnung	drawing ['drohing]

VOLLES PROGRAMM

AUSFLÜGE

Wann treffen wir uns?	When do we meet? [wän du wih miht]
Wo fahren wir los?	Where do we leave from? [wəa du wih ˌlihw fram]
Kommen wir am/an ... vorbei?	Will we pass ...? [wil wih pahs]
Besichtigen wir auch ...?	Are we going to see ..., too? [ah wih gəuing tu sih ... tu]
Wann fahren wir zurück?	When are we going back? [wän ah wih gəuing bäk]

Ausflug	excursion [ik'sköhschn], trip [trip]
Aussicht	view [wjuh]
Aussichtspunkt	vantage point ['wäntidsch point]
Berg	mountain [ˌmauntin]
Bergdorf	mountain village [ˌmauntin wilədsch]
Botanischer Garten	botanical gardens [bəutänikl gahdns]
Fischerhafen	fishing port ['fisching poht]
Fischerort	fishing village [fisching wilədsch]
Fluss	river [riwə]
Freilichtmuseum	open-air museum [ˌəupn əa mjuh'siəm]
Freizeitpark	amusement park [ämjuhsmnt pahk]
Gebirge	mountains ['mauntins]
Geländewagen	sports utility vehicle (SUV) [spohts jutiliti wihikl]
Gipfel	summit [sahmit]
Grotte	grotto [grohtəu]
Höhle	cave [cäiw]
Insel	island [ailnd]
Inselrundfahrt	tour around the island [tuə ə'raund θə ailnd]
Landschaft	scenery ['sihnəri], countryside ['kantrisaid]
Landesinnere	inland [ˌinländ]
Markt	market ['mahkit]
~halle	covered market ['kawəd 'mahkit]
Nationalpark	national park [näschənl pahk]
Quelle	spring [spring]
Pass	pass [pahs]
Plantagen	plantations [ˌplāntäischns]
Rundfahrt	tour [tuə]
Schlucht	gorge/ravine [gə'dsch/rahwihn]
(der) See	lake [läik], (in Schottland) loch [lok]
Tagesausflug	day trip ['däi trip]
Tal	valley [wäli]
Vulkan	volcano [wolkäinəu]
Wallfahrtsort	place of pilgrimage [pläis əw pilgrəmidsch]
Wasserfall	waterfall ['wohtəfohl]
Wildpark	wildlife park [waildlaif pahk]

AM ABEND

KNEIPE/BAR/CLUB | PUB/BAR/CLUB [pab/bah/klab]

Was ist ... los?	What's on ... [wots_on]
dieses Wochenende	this weekend? [θis wihk'änd]
heute Abend	this evening? [θis_'ihwning]
Was kann man hier abends unternehmen?	What can we do here in the evenings? ['wot_kən wi 'du hiər_in θi_ihwnings]
Gibt es hier eine gemütliche Kneipe?	Is there a nice pub here? ['is θeər_ə nais 'pab hiə]
Wo kann man hier tanzen gehen?	Where can we go dancing? ['weə kən wi gəu 'dahnsing]
Welche Musikrichtung wird hier gespielt?	What kind of music is played here? [wot kaind əw ˌmjuhsik is pläid hiə]
Ist Abendgarderobe erwünscht?	Is evening dress required? [is_'ihwning'dräs ri'kwaiəd]
Das Gleiche noch einmal.	The same again. [θə 'säim ə'gän]
Diese Runde übernehme ich.	This round's on me. ['θis raunds_on 'mih]
Wollen wir tanzen?	Shall we dance? [schəl_wi 'dahns]
Wo kann man hier Zigaretten kaufen?	Where can we buy cigarettes? ['weə kən wi bai 'sigräts]

ausgehen	to go out [ˌgəu 'aut]
Band	band [bänd]
Bar	bar [bah]
Club/Diskothek	club/discotheque [klab/diskətäk]
Kneipe	pub [pab]
Livemusik	live music ['laiw 'mjuhsik]
Party	party [ˌpahti]
Schwulen-/Lesbenszene	gay/lesbian scene ['gäi/'läsbiən sihn]
tanzen	to dance [dahns]
Türsteher	bouncer ['baunsə]

THEATER/KONZERT/KINO
THEATRE/CONCERT/CINEMA ['θiətə/'konsət/'sinəmə]

Haben Sie einen Veranstaltungskalender für diese Woche?	Have you got a diary of events for this week? [həw ju got_ə 'daiəri_əw i'wänts fə θis 'wihk]
Welches Stück wird heute Abend (im Theater) gespielt?	What's on (at the theatre) tonight? [wots 'on_ət θə θiətə tə'nait]

VOLLES PROGRAMM

Können Sie mir ein gutes Theaterstück/einen guten Film empfehlen?	Can you recommend a good play/film (movie)? ['kan ju räkə'mänd ə gud 'pläi/'film ('muhwi)]
Wann beginnt die Vorstellung?	When does the performance start? ['wän das θə pə'fohməns 'staht]
Wo bekommt man Karten?	Where can I get tickets? ['wäə kan_ai gät 'tikits]
Bitte zwei Karten für heute Abend/morgen Abend.	Two tickets for this evening/tomorrow evening, please. ['tuh 'tikits fə θis_'ihwning/tə'morəu_'ihwning plihs]
Kann ich bitte ein Programm haben?	Can I have a programme, please? [kən_ai häw_ə 'prəugräm plihs]
Wo ist die Garderobe?	Where's the cloakroom? ['weəs θə 'kləukrum]

Ballett	ballet ['bäläi]
Eintrittskarte	ticket ['tikit]
Festival	festival ['fästiwl]
Film	film (Am movie) ['film ('muhwi)]
Kasse	box office ['boks,ofis]
Kino	cinema ['sinəmə]
Konzert	concert ['konsət]
Oper	opera ['oprə]
Premiere	premiere ['prämieə]
Programm/-heft	programme ['prəugräm]
Schauspiel	play [pläi]
Theater	theatre ['θiətə]
Veranstaltungskalender	calendar of events ['kälindər əw i'wänts]
Vorstellung	performance [pə'fohməns]
Vorverkauf	advance booking [əd'wahns 'buking]

FESTE/VERANSTALTUNGEN
CELEBRATIONS/EVENTS [säli'bräischns/i'wänts]

Könnten Sie mir bitte sagen, wann das ...-Festival stattfindet?	Could you tell me when the ... festival takes place, please? [kud juh täl mih wän θə ... fästəwl täiks pläis plihs]
vom ... bis ...	from ... to ... [frəm ... tu]

Dorffest	village fête [wilədsch fäit]
Feuerwerk (Veranstaltung)	fireworks display [,faiəwöhks dəhs'pläi]
Grillfest	barbecue [bahbikjuh]
Jahrmarkt	funfair [fanfäiə]
Prozession/Umzug	procession [prəusäschn]
Tanzfest	dance [däns]
Zirkus	circus [söhkəs]

STRAND UND SPORT

AM STRAND | ON THE BEACH [on θə bihtsch]

Ist die Strömung stark?	Is there a strong current? [is θear_ə 'strong 'karənt]
Ist es für Kinder gefährlich?	Is it dangerous for children? [is_it 'däindschrəs fə 'tschildrən]
Wann ist Ebbe/Flut?	When's low tide/high tide? [wäns 'ləu ˌtaid/'hai ˌtaid]

Bademeister/in	lifeguard ['laifgahd]
Badestrand	beach [bihtsch]
Dusche	shower ['schauə]
Kiosk	kiosk [kiask]
Liegestuhl	deck chair [dek tschäh]
Nichtschwimmer	non-swimmer ['nonˌswimə]
Qualle	jellyfish [dschälihfisch]
Schwimmen	swimming ['swiming]
Schwimmer/in	swimmer ['swimə]
Sonnenschirm	sunshade ['sanschäid]
Strömung	current [.karənt]
Umkleidekabinen	changing rooms [tschäindsching ruhms]

Wassersport: Seite 85

AKTIVURLAUB/SPORT | ACTIVE HOLIDAY/SPORT [äktəw .holədi/spoht]

Welche Sportmöglichkeiten gibt es hier?	What sports facilities are there here? [wot 'spohts fə'silitis_ə θeə hiə]
Gibt es hier ein/eine ...?	Is there a … here? [is θäər ə/ən ... hiə]
Wo kann ich ... ausleihen?	Where can I hire …? ['weə kən_ai 'haiə ...]
Ich möchte einen ...kurs für Anfänger/Fortgeschrittene machen.	I'd like to attend a ... course for beginners/ an advanced ... course. [aid .laik tu ätänd ə ... kohs fə bi'ginəs/ən ədwänst kohs]

Eintrittskarte	ticket ['tikit]
Ergebnis	result [ri'salt]
gewinnen	to win [win]
Halbzeit	half-time ['hahf 'taim]
Kasse	ticket office ['tikitˌofis]
Kurs	course [kohs]
Mannschaft	crew [kruh]

Niederlage	defeat [di'fiht]
Rennen	race [räis]
Schiedsrichter	referee [ˌräfə'rih]; (Hockey, Tennis, Cricket) umpire ['ampaiə]
Spiel	match [mätsch], game [gäim]
unentschieden spielen	to draw [droh]
verlieren	to lose [luhs]
Wettkampf	contest ['kontäst], match [mätsch]

WASSERSPORT WATER SPORTS [ˌwohtə spohts]

Bootserfahrung	sailing experience [ˌsäiling iks'piəriəns]
Bootsverleih	boat hire ['bəut ˌhaiə]
Canyoning	canyoning [kənjohning]
Freibad	open-air pool [ˌəupn'eə 'puhl]
Hallenbad	indoor pool [indəu puhl]
Hausboot	houseboat [haus'bəut]
Kanu	canoe [kə'nuh]
Motorboot	motorboat ['məutəbəut]
Regatta	regatta [ri'gätə]
Rückholservice	pick-up service [pikəb söhwis]
Ruderboot	rowing boat ['rəuing bəut]
Schlauchboot	rubber dinghy [rabə dingi]
Segelboot	sailing boat ['säiling bəut]
Segeln	sailing ['säiling]
Segelschule	sailing school [ˌsäiling skuhl]
Segeltörn	sailing cruise [ˌsäiling kruhs]
Surfbrett	surfboard ['söhfbohd]
surfen	surf [ˌsöhf]
Surfschule	surfing school [ˌsöhfing skuhl]
Tour mit dem Hausboot	tour on a houseboat/barge [tuə on ə hausbəut/bahdsch]
Wasserski	water skiing [ˌwohtə ˌskihing]
Wasserskooter	jet ski ['dschät ski]
windsurfen	windsurf [wind'söhfing]

TAUCHEN DIVING [daiwing]

Gerätetauchen	scuba diving [skuhbə daiwing]
Harpune	harpoon [hahpuhn]
Neoprenanzug	wetsuit [wätsuht]
Sauerstoffgerät	breathing apparatus [brihßing äpərätis]
schnorcheln	go snorkelling [gəu snohkling]
tauchen	to dive [daiw]
Taucherausrüstung	diving equipment ['daiwing i'kwipmənt]
Taucherbrille	diving goggles [daiwing gohgls]
Tauchschule	diving school [daiwing skuhl]

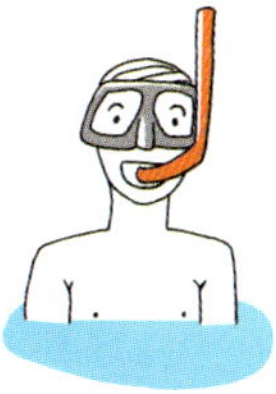

ANGELN ANGLING [ängling]

Wo kann man hier angeln?	Where can I go fishing? ['wea kan_ai gau 'fisching]
Angel	fishing rod ['fischingrod]
~schein	fishing licence ['fisching 'laisns]
angeln	go fishing [gau fisching]
Hochseefischen	deep-sea fishing ['dihpsih 'fisching]
Köder	bait [bäit]
Schonzeiten	off season [off ˌsihsn]

BALLSPIELE BALL GAMES [bohl gäims]

Ball	ball [bohl]
Basketball	basketball ['bahskitbohl]
Fußball	football ['futbohl]
~mannschaft	football team ['futbohl tihm]
~platz	football ground ['futbohl graund]
Handball	handball ['händbohl]
Netz	net [nät]
Spiel	match, game [mahtsch/gäim]
Tor/Torwart	goal/goalkeeper [gəul/'gəulˌkihpə]
Volleyball	volleyball [wohlibohl]

TENNIS UND ÄHNLICHES TENNIS AND SIMILAR [ˌtänis ən similə]

Badminton	badminton [bädməntn]
Schläger	racket [räkit]
Squash	squash [skwosh]
Tennis/Tennisball/Tennishalle/Tennisplatz/Tennisschläger	tennis/tennisball/tennishall/tenniscourt/tennis racket ['tänis/'tänisˌbohl/'tänisˌhohl/'tänisˌkoht/'tänis ˌräkit]
Tischtennis	table tennis ['täibl 'tänis]
~schläger	table-tennis bat ['täiblˌtänis bät]

FITNESS- UND KRAFTTRAINING FITNESS AND WEIGHT TRAINING [fitnäs ən wäit träining]

Aerobic	aerobics [aərobiks]
Faszientraining	fascia training ['feischəˌträining]
Fitnessarmband	activity tracker [äk'tivəti ˌträkə]
Fitnesscenter	fitness centre [fitnäs ˌsäntə]
Indoor-Cycling	indoor cycling ['indoh ˌsaikling]
joggen	go jogging/jog [gəu dschohging/dschohg]
Krafttraining	weight training [wäit träining]
Yoga/Pilates	yoga/Pilates [jəugah/pi'lahtihs]
Zumba	Zumba ['zumbə]

WELLNESS SPA [spah]

Akupressur	acupressure ['äkjupräschə]

VOLLES PROGRAMM

Aromatherapie	aromatherapy [əˌrəuməˈθärəpi]
Bäder	baths [bahθs]
Beautybehandlung	beauty treatment [ˈbjuhti trihtmənt]
Dampfbad	Turkish bath [töhkisch bäθ]
Diätkost	light diet [lait ˈdaiət]
Hamam	hammam/Turkish bath [ˈhämäm/töhkisch ˈbahθ]
Maniküre/Pediküre	manicure/pedicure [ˈmänikjuə/ˈpädikjuə]
Massage	massage [məsasch]
Peeling	peeling/skin peel [ˈpihling/ˈskin pihl]
Sauna	sauna [sohnə]
Solarium	solarium [sohlahriuhm]
Whirlpool	jacuzzi [dschäkuhsi]

RADFAHREN CYLING [ˌsaikling]

E-Bike	electric bike [iˌläktrik ˈbaik]
Fahrrad	bicycle/bike [ˌbaisikl/baik]
Fahrradhelm	crash helmet [kräsch hälmät]
Fahrradweg	cycle path [sikl pahθ]
Flickzeug	(puncture) repair kit [(panktschə) ripäiə kit]
Luftpumpe	pump [pamp]
Rad fahren	to cycle [ˈsaikl]
Radtour	cycle tour [ˈsaikl ˌtuə]
Rennrad	racing bike [baik]
Schlauch (Reifen)	(inner) tube [(inə) tjuhb]

WIE DIE EINHEIMISCHEN

Insider Tipps

FKK und Haie

In den USA ist das Sonnenbaden „oben ohne" *(topless sunbathing)* fast überall verboten! Es gibt zwar FKK-Strände, aber sie sind meist sehr weit abgelegen. In den wärmeren Gewässern der USA (Florida, Kalifornien) sollten Sie unbedingt auf Warnhinweise bezüglich Haie (*sharks* [schahks]) achten und die Anweisungen der Rettungsschwimmer (*lifeguards* [ˈlaifgahd]) unbedingt befolgen!

Let's play ball [ˈläts pläi bohl]

Ballspiele haben in Amerika ein sehr anständiges Image. „Lass' uns Ball spielen" heißt daher auch: „Lasst uns fair und korrekt vorgehen."

WANDERN UND BERGSTEIGEN HIKING AND MOUNTAINEERING [haiking ən ˌmauntiniəing]

Ich möchte eine Bergtour machen. I'd like to go for a hike in the mountains. [aid laik tə gəu fər_ə 'haik_in θə 'mauntins]

Können Sie mir eine interessante Route auf der Karte zeigen? Can you show me an interesting route on the map? [kən juh schəu mih ən ˌintristing ruht on θə mäp]

Bergführer mountain guide [ˌmauntin gaid]

Fernwanderweg long-distance hiking path [long distəns haiking pahθ]

Seilbahn cable railway ['käibl 'räilwäi], funicular [fjuh'nikjulə]

Tagestour day excursion [däi ik'sköhschn]

Wanderkarte hiking map [haiking mäp]

Wanderweg path [pahθ]

REITEN RIDING [raiding]

Ausritt ride [raid]

Pferd horse [hohs]

reiten to ride [raid], to go riding [gəu 'raiding]

Sattel saddle [sähdl]

Zaum bridle [braidl]

GOLF GOLF [golf]

Golf golf [golf]

~platz golf course ['golfkohs]

~schläger golf club ['golfklab]

öffentliche Golfanlage municipal golf course [mjuhnəspl golf kohs]

Parcours a round of golf [ə raund əw golf]

Tagesbesucher day guest [däi gäst]

Übungsplatz driving range [draiwing räindsch]

eine Runde Golf spielen play a round of golf [pläi ə raund əw golf]

IN DER LUFT IN THE AIR [in θə aa]

Drachenfliegen hang-gliding [häng glaiding]

Fallschirmspringen parachuting ['pärəˌschuhting]

Gleitschirm paraglider [ˌpäräglaidə]

Lenkdrachen kite [kait]

Paragliding paragliding [ˌpärəglaiding]

Schleppschirm (am Strand) parasailing [ˌpärəsäiling]

Segelfliegen gliding ['glaiding]

WINTERURLAUB WINTER HOLIDAYS [ˌwintə ˌholdi]

Eine Tageskarte, bitte! A day ticket, please. [ə däi ˌtikit plihs]

Um wie viel Uhr ist die letzte Bergfahrt/Talfahrt? What time is the last trip up the mountain/down to the valley? [wot taim is θə lahst trip ˌap θə ˌmauntin/daun tu θə wäli]

VOLLES PROGRAMM

Bergstation	top station, summit station [tap stäischn, sahmit stäischn]
Eisbahn/Eislauf	ice-rink/ice skating ['aisrink/ais skäiting]
Gondel/Lift	cable car/lift [.käibl kah/lift]
Langlauf	cross-country skiing ['kros,kantri 'skihing]
Loipe	cross-country ski course [.kros'kantri .skih kohs]
Schlitten	toboggan [tabohgn]
Schlittschuhe	ice skates [ais skäits]
Ski/skilaufen	ski/skiing ['skih/'skihing]
Skibrille	ski goggles [.skih gohgls]
Skikurs	skiing course [.skihijng kohs]
Skilehrer/in	ski instructor [.skih instrahktr]
Skistöcke	ski poles [.skih pauls]
Snowboard	snowboard [snaubaud]
Tagespass	day pass [däi pahs]
Talstation	station at the bottom of the ski lift [stäischn at θa bohtm aw θa .skih lift]
Wochenpass	week pass [wihk pahs]

KURSE

Ich interessiere mich für …	I'm interested in … [aim .intristid in]
einen …-Sprachkurs	a(n) … language course [a/an … .längwidsch kohs]
für Anfänger.	for beginners. [fa bi'ginas]
für Fortgeschrittene.	for advanced learners. [fa adwänst lörnas]
Sind Vorkenntnisse erforderlich?	Is prior knowledge required? [is praia nohlidsch rikwaiad]
Bis wann muss man sich anmelden?	By when do I have to enrol? [bai wän du ai häw tu anraul]
Sind die Materialkosten inklusive?	Are the costs of materials included? [ah θa kohsts aw matihrials inkludid]
Was ist mitzubringen?	What should I bring along? [wot schud ai bring a'long]

(Akt-)Zeichnen	drawing nudes [drohing njuhds]
(Aquarell-)Malen	watercolour painting [.wohtakala päinting]
(Bauch-)Tanz	belly dance [bäli däns]
Fotografieren	photography [faut'agräfi]
Goldschmieden	working with gold [wöhking wiθ gauld]
Holzwerkstatt	carpentry workshop [kahpäntri wöhkschop]
Kochen	cooking [kuking]
Kurs	course [kohs]
Ölmalerei	oil painting [.oil päinting]
Trommeln	drumming [druhming]

krebsrot sein

(wörtl. wie ein Hummer aussehen)

to look like a lobster [luk laik‿ə 'lobstə]

> MEHR ALS NUR SPRACHE

Wenn das Wörterbuch schlappmacht und Sie nur noch Bahnhof verstehen, dann handelt es sich um einen klaren Fall von: Achtung! Slang

WERDEN SIE ZUM INSIDER

Wer kennt Sie nicht, diese Situation: Sie haben in einem fremdsprachigen Land Kontakt gefunden und lauschen angeregt den Gesprächen Ihrer neuen Freunde – und da sind sie, diese mysteriösen Worte, die bei Ihnen nur ein großes Fragezeichen hinterlassen. Denn es gibt jene Vokabeln und Wendungen, die im Wörterbuch stehen, und dann gibt es jene, die auf der Straße gesprochen werden. Aber keine Panik, auf den nächsten Seiten sind Sie mittendrin in der Sprache der Insider, wie sie im Café, in den Clubs und Bars, Shops, Hotels und Hostels, beim Smalltalk in Bus und Bahn und auf den lebendigen Plätzen der Dörfer, Städte und Metropolen gesprochen wird. Und damit auch Sie zum Insider wer-

> S. 102

ACHTUNG! SLANG

Insider Tipps

den, haben wir sie für Sie aufgespürt: die authentischen, die wichtigsten und witzigsten Slangausdrücke. Dabei gibt es jedoch Formulierungen, die Sie besser meiden sollten, denn: Manchmal ist Schweigen wirklich Gold. Auch zu beachten: Oft ist Umgangssprache lokal geprägt und die Aussprache kann von Region zu Region variieren. Aber mit ein wenig Geduld kann man sich auch in diese verschiedenen Dialekte einhören.

Wir wünschen Ihnen viel Spaß beim Lesen und beim Erweitern Ihres Wortschatzes!

ALLTAG

BEGRÜSSUNG UND CO.

Hi guys./Hi there. [hai gais/hai θäə]	Hallo zusammen.
How's things?/What have you been up to? [haus 'θings/wot_əw ju bin ap tə]	Wie geht's?
What's up? [wots_'ap]	Was geht/Was läuft?
Long time no see/ (Brit) **Haven't seen you for yonks!** [long taim no si/ˌhäwnt sin ju foh 'jonks]	Lange nicht gesehen.
I'm off/I'm outta here. [aim of/aim autə hiə]	Ich muss los.
See you around. [si ju ə'raund]	Bis dann./Wir sehn uns.
(Am) **So long./Cheerio./Later(s).** [səu long/'tschiriəu/läitəs]	Tschüss.

ANTWORTEN

yeah/yep/aye [jäh/jäp/ai]	ja
Sure. [schuə]	Klar.
(Brit) **Cheers./Ta.** [tschiəs/ta]	Danke.
No problem! [nəu 'probləm]	Gerne!
Dunno. [dun'nuə]	Weiß nicht.
I haven't got a clue./(Am) **Beats me.** [ai häwnt got_ə 'kluh/'bihts mih]	Keine Ahnung.
Whatever. [wot'äwə]	Mir egal.
(Brit) **I don't give a toss/a damn.** [ai ˌdəunt giw_ə 'tos/'däm]	Das ist mir völlig schnuppe.
nope/nah [nəup/nah]	nein/nö
I can't be bothered. [ai ˌkahnt bi_'baθəd]	Ich hab keinen Bock.
No chance! ['nəu tschäns]	Auf keinen Fall!
There's not a cat in hell's chance of me doing that! [θäəs not ə kät in 'häls tschäns əw mih ˌduing θät]	Das mach ich auf gar keinen Fall!
(Brit) **Soz!** [sohs]	Tschuldigung!

*

... UND AUFFORDERUNGEN

Hang on!/Hold your horses! ['häng_on/hauld joh 'hohsas]	Warte mal! (wörtl. halt deine Pferde)
Keep your hair on! [kihp yoh 'här_on]	Ruhig Blut! (wörtl: behalt dein Haar auf)
Come off it! [kam_'of it]	Mach mal halblang!
Get a move on! [gät a 'muw_on]	Mach zu!/Beeil dich!
Get your bum into gear! [gät joh 'ahs inta ˌgia]	Beweg deinen Hintern!

UNTER FREUNDEN ...

to hang out/to chill with s. o. [häng 'aut/tschill wiθ samwan]	mit jdm abhängen
to be up for s. th. [bi ap foh samθing]	zu etwas Lust haben
to pop in/round/drop by [pop 'in/'raund/drop 'bai]	vorbeischauen
to give s. o. a ring [giw samwan a 'ring]	bei jdm durchklingeln
to text s. o. ['text samwan]	jdm simsen
to natter/chew the fat ['näta/tschu θa 'fät]	quatschen (wörtl. das Fett kauen)
to gossip ['gosip]	tratschen
to talk crap [tohk 'kräp]	Quatsch reden
to talk out of your bum [tohk aut aw johr_'ahs]	Schwachsinn erzählen
a cock and bull story [kok_an 'bul stori]	Lügenmärchen (wörtl. Hahn- und Bullengeschichte)*
to put your foot in it [put joh 'fut in]	ins Fettnäpfchen treten
(Brit) to get up s. o.'s nose [gät ap samwans 'naus]	jdm auf den Geist gehen
(Brit) to get on s. o.'s tits [gät on samwans 'tits]	jdm auf den Senkel gehen
to piss s. o. off [pis samwan 'of]	jdm verärgern/wütend machen
to fall out with s. o. [fohl 'aut wiθ samwan]	sich mit jdm verkrachen
a party pooper ['pahti ˌpupa]	Spielverderber

DAS GEFÄLLT ...

It rocks!/(Am) That kicks ass! Kick ass! [it roks/θät kiks 'äs/kik äs]	Das geht ab!/Das rockt!/Klasse!
awesome/blinding/brill/fab ['ohsam/'blainding/bril/fäb]	großartig/fantastisch
to rave about s. th. ['räiw_abaut samθing]	von etwas schwärmen
(Brit) the dog's bollocks ['dogs ˌboloks]	die Krönung/die Crème
to be over the moon [auwa_θa 'mun]	aus dem Häuschen sein (wörtl. über dem Mond sein)

DAS LANGWEILT ...

(Brit) **not much cop** [not matsch 'kop]	nichts Besonderes
(Brit) **bog standard** ['bog ständəd]	stinknormal
mind numbingly boring ['maind namingli 'boring]	stink-/saulangweilig
That's a bit of a bummer. [ˌθäts ə bit_əw_ə 'bamə]	Das ist ein ziemlicher Reinfall.

... UND DAS NERVT

lame [läim]	uncool
That sucks! [θät 'saks]	Das nervt!
(Am) **garbage/** (Brit) **rubbish** ['gahbətsch/'rabisch]	Quatsch
bullshit/(Am) **B. S.** ['bulschit/bih_äs]	Schwachsinn
a kick in the balls/bollocks [kik in_θə 'bohls/'boloks]	herber Rückschlag

SCHLECHT DRAUF?

to be whacked/bushed/knackered/ (Am) **beat** [wäkt/buscht/näkəd/biht]	fix und fertig/alle sein
to be under the weather [andə θə 'wäθə]	nicht ganz auf dem Damm sein
to hit the sack/hay [hit θə 'säk/'häi]	sich aufs Ohr hauen
(Brit) **to be gutted** ['gatəd]	am Boden zerstört sein
to be in a huff [bi in_ə 'haf]	beleidigt sein
(Am) **to be hacked off** [häkt 'of]	genervt sein
(Brit) **to be pissed off/**(Am) **to be pissed** [pist 'of/pist]	angepisst sein
to have the hump [häw θə 'hamp]	eine Stinklaune haben
to lose one's rag [lus joh_'räg]	die Beherrschung verlieren
to hit the roof/blow a fuse [hit θə 'ruf/bləu_ə 'fjus]	in die Luft/an die Decke gehen
to have the jitters [häw θə 'dschitəs]	Bammel haben
to shit yourself ['schit johsälf]	vor Angst in die Hose machen
to lose your bottle [lus joh 'botl]	die Nerven verlieren

*

ACHTUNG! SLANG

ESSEN

grub/nosh [grab/nosch]	Essen
brekkie ['bräki]	Frühstück
(Brit) a sarnie ['sahni]	Sandwich
(Brit) a cuppa ['capə]	Heißgetränk (meist Tee)
(Brit) chippy ['tschipi]	Fish-&-Chips-Imbiss
(Brit) curry house ['köri haus]	indisches Restaurant
(Brit) I'm feeling peckish. [Aim fihling 'päkisch]	Ich hab Lust auf was Leckeres.
I could eat a horse. [Ai kud iht_ə 'hohs]	Ich hab einen Bärenhunger. (wörtl. ich könnte ein Pferd essen)*
I'm starving. [Aim 'stahwing]	Ich sterbe vor Hunger.
(Brit) to scoff s. th./(Am) to scarf s. th. down [skof/skahf samθing daun]	etwas verdrücken/verschlingen
to stuff your face [staf joh fäis]	sich den Bauch vollschlagen
(Am) to pig out on s. th. [pig 'aut on samθing]	sich mit etwas vollstopfen
(Brit) That food is moreish. [θat fuhd_is 'mohrəsch]	Das Essen ist superlecker.

AUSGEHEN

IN DER BAR/KNEIPE

booze [buhs]	alkoholische Getränke
(Brit) a bevvy ['bäwi]	alkoholisches Getränk
(Brit) a pint/a half of lager [paint/hahf əw lahgə]	ein Pint/ein halbes Pint Lagerbier
shandy ['schändi]	Alster/Radler
lager dash/top [lagə 'däsch/'top]	Radler mit nur wenig Limonade
lager and lime ['lagə_n 'laim]	Lagerbier mit Limonensirup
bubbly ['babli]	Champagner (nicht Sekt!)
plonk [plonk]	Fusel
a short [schoht]	ein Kurzer
G 'n' T ['dschi_ən_'ti]	Gin Tonic
Ice 'n' slice with that? ['ais_ən_'slais wiθ_θät]	Mit Eis und Zitrone?
(Brit) the offie/offy ['ofi]	Wein- und Spirituosenhandlung
a boozer/the local ['buhsə/θə 'ləukəl]	Kneipe/die Stammkneipe
a pub crawl ['pab krohl]	Kneipentour
to have a swift one [häw_ə 'swift wan]	ein schnelles Bier trinken
to down in one/to neck a drink [daun_in 'wan/näk_ə drink]	in einem Zug austrinken
Down the hatch! [daun_θə 'hätsch]	Runter damit!
one for the road ['wan foh_θə 'rəud]	eins für den Weg

{Am} **to cut up the floor/to hit the town** [kat ap θə floh/hit θə taun]	Party machen/einen drauf machen
to be off out [bi əw 'out]	auf Tour sein
to swing one's booty [swing wans buti]	das Tanzbein schwingen
to have a (good) rave up [häw ə 'gud räiw_'ap]	abtanzen
an all nighter [ən_ohl 'naitə]	durchgemachte Nacht
bouncer ['baunsə]	Türsteher
packed/rammed/heaving [päkt/rämt/'hihwing]	brechend/gerammelt voll
tarted up [tahtəd 'ap]	aufgedonnert
{Brit} **done up like a dog's dinner** [dan ˌap laik_ə 'dogs dinə]	aufgetakelt

SPÄTER ...

to be tipsy ['tipsi]	einen Kleinen sitzen haben
to be half cut/hammered/legless/ ['hahf kat/'häməd/'lägləs] **off your head/paralytic/plastered/** ['of joh häd/pärä'lətik/'plästəd] **slaughtered/smashed** ['slohtəd/smäscht]	voll/total betrunken sein
a hangover ['nängəuwə]	Kater
to feel a bit rough [fil ə bit raf/andə θə wäθə]	verkatert sein
hair of the dog [ˌhär_əw θə 'dog]	ein Schluck gegen den Kater {wörtl. Haar des Hundes}*

RAUCHEN

cigs/ciggies/tabs [sigs/'sigihs/täbs]	Kippen/Fluppen
{Brit} **fags** [fägs]	Kippen [Vorsicht, {Am} Schwuchtel]
cancer sticks ['känsə stiks]	Sargnägel (Zigaretten)

ACHTUNG! SLANG

MANN UND FRAU

LEUTE

bloke/guy/fella/geeza [blauk/gai/'fälə/'gihsə]	Typ
bugger [bagə]	Kerl (abwertend)
chick/lass/(Am) **gal** [tschik/läs/gäl]	Mädel
bird/(Am) **broad** [böhd/brohd]	Tussi (Mädel)
teen/(Am) **teener** [tihn/'tihnə]	Jugendlicher
nipper ['nipə]	Steppke/Stift
scamp/rascal [skämp/'räskəl]	Schlingel/Frechdachs
hussy ['hasi]	Göre (freches Mädchen)
brat [brät]	Balg
grandpa/gramps ['grämpa/grämps]	Opi
granny/nana ['gräni/'nana]	Omi
my folks [mai fohks]	meine Familie

FLIRTEN UND MEHR

to fancy someone ['fänsi samwan]	auf jdn stehen
to chat s. o. up [tschät samwan 'ap]	jdn anquatschen/jdn anmachen
to snog [snog]	knutschen
to have butterflies in one's stomach [häw 'batəflais in wans stomək]	Schmetterlinge im Bauch haben
to be totally loved up [tautəli lawt ap]	schwer verliebt sein
to date s. o./go out with s. o. ['däit samwan/gəu_'aut wiθ samwan]	mit jdm gehen/ mit jdm zusammensein
to go commando [gəu kə'mändo]	keine Unterwäsche tragen
a hard on ['hahd_on]	eine Latte
(Am) **rubber/**(Brit) **johnny** ['rabə/'dschoni]	Gummi/Präser
to pull/pick up s. o. [pul/pik 'ap samwan]	jdn abschleppen
to shag/screw/get laid [schäg/skru/gät läid]	vögeln
to lead s. o. on [ˌlid samwan 'on]	jdm falsche Hoffnungen machen
to stand s. o. up [ˌständ samwan 'ap]	jdn versetzen
to put on one's beer goggles [put on wans 'bia gogls]	sich jdn schön trinken (wörtl. seine Bierbrille aufsetzen)
Out of sight, of of mind. [aut_əw 'sait, aut_əw ˌmaind]	Aus den Augen, aus dem Sinn.
to dump/to ditch s. o. [damp/ditsch samwan]	mit jdm Schluss machen
There's plenty more fish in the sea. [θäəs 'plänti moh ˌfisch_in_θə ˌsih]	Andere Mütter haben auch schöne Töchter/Söhne.
They've been an item for a while now. [θäiw bihn ən_'aitəm fohr_ə 'wail nau]	Sie sind schon lange zusammen.

hen night/stag night ['hän nait/'stäg nait] — Junggesell(inn)en-Abschied {wörtl. Hennen-/Hirschnacht}*
to get hitched [gät 'hitscht] — heiraten
to be hen pecked/to be under the thumb ['hän päkt/andə_θə 'tham] — ein Pantoffelheld sein/ unterm Pantoffel stehen

SCHIMPFEN, LÄSTERN, FLUCHEN

STANDARDS

Crikey!/Blimey!/Good God! ['kraiki/'blaimi/gud 'god]	Meine Güte!/Großer Gott!
{Am} Dammit/God dammit! ['dämət/god 'dämət]	Verdammt (nochmal)!
Crap!/Bugger!/Bloody hell!/Bollocks!	Mist!
Shut your gob!/Shut your trap! [schat joh gob/schat joh 'träp]	Halt die Klappe!
Clear off!/Get lost!/On yer bike! [kliə 'of/gät 'lost/on_jə 'baik]	Hau ab!
Bugger off!/Sod off! [bagər_'of/sod_'of]	Verzieh dich!
Shove it! ['schow_it]	Vergiss es!/Du kannst mich mal!
That's none of your business! [θäts 'nan_əw joh 'bisnis]	Das geht dich gar nichts an!
to take the mickey/the piss out of s. o. [täik θə 'miki/θə 'pis aut_əw samwan]	jdn veräppeln/verarschen
to slag s. o. off/to bitch about s. o. [släg samwan_'of/'bitsch_əbaut samwan]	über jdn lästern

SPINNER UND TROTTEL

{Brit} a bit of an anorak [ə bit_əw_ən_'änəräk]	Spinner (mit Spezialinteresse, das alle anderen langweilt)
a geek/a nerd [gihk/nöhd]	(Computer-)Nerd/Streber
a tool/a numpty/a muppet [tul/'numti/mapət]	Trottel/Pappnase/Vollidiot
a loony/a nutcase/a nutter ['luni/'natkäis/'natə]	ein Verrückter
to be clueless/hopeless ['kluhləs/'haupləs]	keine Ahnung haben
{Am} to know zip about s. th. [nəu 'sip_əbaut samθing]	keine Ahnung von etwas haben
He couldn't organise a piss up in a brewery. [hih kudnt ˌohgənais_ə pis_ap in_ə 'bruhəri]	Er hat keinen blassen Schimmer.
He's a bit of a dope. [hihs ə bit əw_ə 'dəup]	Er ist ein Trottel.

thick as two short planks [θik_əs ˌtu schoht 'plänks]	strohdoof (wörtl. wie zwei kurze Bretter)
thick as shit [θik_əs 'schit]	saudumm
He's not all there. [hihs not_ohl 'θäə]	Er hat sie nicht alle.
He's lost his marbles. [hihs lost his 'mahbls]	Er hat nicht mehr alle Tassen im Schrank. (wörtl. seine Murmeln verloren)
He's gone nuts/bananas/bonkers. [hihs gon 'nats/bə'nahnəs/'bonkəs]	Er ist übergeschnappt/ durchgedreht.
to be barking mad/mental ['bahking mäd/mäntl]	total verrückt sein

MEHR BELEIDIGUNGEN

to be a pain in the neck/(Brit) the arse/ (Am) the ass [ə ˌpäin in_θə 'näk/θi_'ahs/θi_'äs]	total nerven
a bull shitter ['bul schitə]	große Klappe und nix dahinter
What a dick/dickhead/prick/cock! [ˌwot_ə 'dik/'dikhäd/'prik/'kok]	Was für ein Depp!
the biggest scumbag on the planet [θə ˌbigest 'skambäg on_θə ˌplänət]	der größte Mistkerl weit und breit
(Brit) to be as common as muck ['əs ˌkomən əs 'mak]	schrecklich ordinär sein
cheap and nasty/tacky/(Brit) naff ['tschihp_ən_ˌnästih/'täkih/näf]	billig und geschmacklos
(Am) a pussy/a wimp ['pusi/wimp]	Weichei/Warmduscher
a motormouth ['məutəmauθ]	Quasselstrippe/Labertasche
a smart arse ['smaht ahs]	Klugscheißer
a brown nose/an arse licker [ə 'braun_nəus/ən_'ahs likə]	Arschkriecher
a bitch ['bitsch]	Zicke/Biest
(Brit) a yob [job]	Rüpel/Rowdy
(Brit) a chav/chavette [tschäw/tschə'wät]	Proll (männlich/weiblich)
(Brit) a lager lout ['lahgə laut]	aggressiver Betrunkener
a shit stirrer ['schit stöhrə]	Unruhestifter/Aufrührer

UNAPPETITLICHES

(Brit) **loo**/(Brit) **bog**/ [luh/bog] (Am) **john**/(Am) **can** [dschon/kän]	Klo (can wörtl. Dose)
to spend a penny/take a leak/a pee/a wee [spend_ə 'pänie/häw_ə 'lihk/'pih/'wih]	pinkeln
to have a poo/poop/crap [həw_ə 'puh/'puhp/'kräp]	kacken
to have the runs/the trots [haw ðə 'rans/ðə 'trots]	Dünnpfiff haben
to fart/to drop your guts/to drop one/to let one go [faht/drop joh 'gats/'drop wan/lät wan 'goh]	einen fahren lassen
to burp/belch [böhp/bältsch]	rülpsen
to barf/chunder/puke [bahf/'tschandə/pjuhk]	sich übergeben/kotzen

GELD

KOHLE

bread/dough/dosh [bräd/dəu/dosch]	Kohle/Knete/Kies/Moos
a grand [ə gränd]	ein Riese (Tausender)
(Brit) **a score** [ə skoh]	ein Zwanni (Zwanziger)
(Brit) **a tenner** [ə 'tänə]	ein Zehner
(Brit) **a fiver** [ə 'faiwə]	ein Fünfer
(Am) **a buck** [ə bak]	ein Dollar (US)
(Brit) **a quid** [ə quid]	ein Pfund (britisches)
(Brit) **silver** ['silvə]	Silbermünzen
(Brit) **coppers** ['copəs]	Kupfermünzen
change [tschäinsch]	Kleingeld
(Brit) **hole-in-the-wall** ['həul_in_ðə 'wohl]	Geldautomat (wörtl. Loch in der Wand)*
... cash or charge? [käsch oh tschadsch]	... bar oder mit Karte?

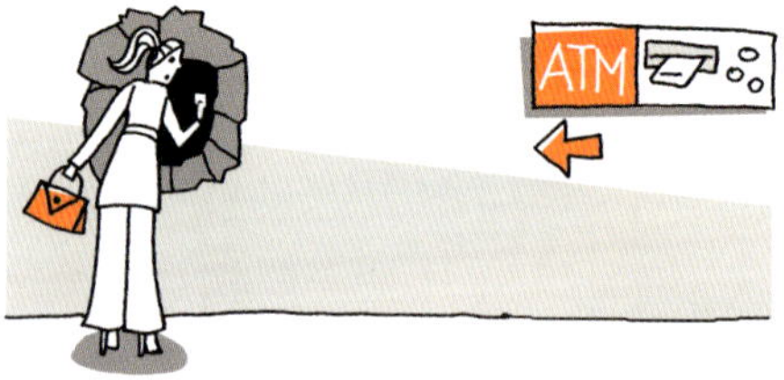

*

ACHTUNG! SLANG

HABEN ODER NICHT

(Am) megabucks ['mägabaks]	fette Kohle
a wad of money [a 'wäd_aw 'mani]	ein Haufen Geld
to be loaded/filthy rich ['laudad/'filθih ˌritsch]	stinkreich sein
rolling in it ['rauling in_it]	in Geld schwimmen
to earn shitloads of money [öhn 'schitlauds_aw 'mani]	ein Schweinegeld verdienen
to be stingy/tight ['stindschi/tait]	geizig/knauserig sein
a cheapskate/a tight arse ['tschihpskäit/tait ahs]	Geizhals/Geizkragen
to be skint/broke [skint/brauk]	knapp bei Kasse/pleite sein

KOSTEN ODER NICHT

What's the damage? [ˌwoz θa 'dämatsch]	Was kostet der Spaß?
That's a bit pricey. [θäts_a_bit 'praissi]	Das ist aber happig.
to cost a fortune/a bomb/an arm and a leg [kost_a 'fohtschuhn/a 'bomm/an_ˌahm_än _a 'läg]	ein Vermögen kosten
a freebie [a 'frihbih]	umsonst
to cost peanuts [kost 'pihnats]	'nen Appel und 'n Ei kosten
as cheap as chips/dirt cheap ['as tschihp_as 'tschips/döht tschihp]	spottbillig (wörtl. billig wie Pommes)

AUSGEBEN UND EINNEHMEN

to pay over the odds ['päi auwa θih_'ods]	zu viel ausgeben/bezahlen
to throw money down the drain [θrau 'mani daun_θa 'dräin]	Geld zum Fenster rausschmeißen
to piss one's money up the wall [pis wans 'mani ap θa 'wohl]	sein Geld versaufen
(Brit) to flog s. th. [flog]	etwas verscherbeln/verticken
to rip s. o. off ['rip samwan 'of]	jdn abzocken
to nick/pinch s. th. [nik/pintsch]	etwas abstauben/schnorren

ARBEIT

a plum job [plam dschob]	Traumjob
a high flyer [hai flaia]	Überflieger
right hand man [rait händ män]	jds rechte Hand
to get back to the grindstone [gät bäk ta θe graindstaun]	sich wieder an die Arbeit machen (wörtl. zum Mahlstein zurückkehren)

to be snowed under [snəud 'andə]	in Arbeit versinken
to work your socks/balls/bollocks off [wöhk joh 'soks/'bohls/'boloks of]	sich totarbeiten
the rat race ['rät räis]	Tretmühle (wörtl. Rattenrennen)
a dead end job [däd_'änd dschob]	Job ohne Aufstiegsmöglichkeiten
a piece of cake/(Brit) a doddle [pihs əw 'käik/dodl]	Pillepalle/ein Kinderspiel
a botch job ['botsch dschob]	Pfusch
to have a cushy number [häw_ə 'kuschi ˌnambə]	eine ruhige Kugel schieben
to be bored stiff/shitless [bohd 'schitləs]	sich zu Tode langweilen
to pull a sickie [pul_ə 'siki]	blaumachen/krankfeiern
to give someone an ear bashing [giw samwan ən_iə 'bäsching]	jdm eine Standpauke halten
to give s. o. a right bollocking [giw samwan ə ˌrait 'boloking]	jdn zusammenfalten
to go to pot [gəu tə 'pot]	schief gehen
to go pear shaped/tits up [gəu 'piə schäipt/tits 'ap]	danebengehen/in die Hose gehen
to mess up/to screw up [mäs 'ap/skru 'ap]	vermasseln/in den Sand setzen

WETTER

It's a bit chilly/nippy. [its_ə bit 'tschilih/'nipih]	Es ist ganz schön frisch.
(Brit) It's brass monkeys outside! [its 'bräss mankihs autˌsait]	Es ist saukalt draußen!
(Brit) It's throwing/chucking/peeing it down. [its 'θroing_it daun]	Es schifft.
to be drenched/soaked [dränscht/saukt]	klatschnass sein
(Brit) Brolly ['broli]	Schirm
(Brit) Wellies ['wälis]	Gummistiefel
It's roasting/boiling. [its 'rausting/'boiling]	Es ist tierisch heiß.
a real scorcher [ə rihl 'scohtschə]	eine Bullenhitze
to catch some rays [kätsch sam 'räis]	ein bisschen Sonne tanken (wörtl. ein paar Strahlen einfangen)*
to look like a lobster [luk laik_ə 'lobstə]	krebsrot sein (wörtl. wie ein Hummer aussehen)

*

IMPRESSUM

Titelbild: Vektorgrafik (shutterstock/Cienpies Design)
Fotos: GettyImages: Andresr (68/69); GettyImages/Calvindexter (56 (16), 58/59 (11), 58/59 (22)); GettyImages/EyeEM: S. Arning (20/21); GettyImages/Kolostock: D./L. Jacobs (6/7); GettyImages/Plush Studios (54/55); huber-images: M. Pavan (3 li., 36/37), R. Schmid (3 Mi., 78/79); mauritius images/Alamy: I. Chiosea (2 re., 104/105); mauritius images/Westend61: G. Fochesato (10/11)
Illustrationen: Mascha Greune, München
Zeigebilder/Fotos: Lazi&Lazi; Food Collection; Comstock; stockbyte; Fisch-Informationszentrum e.V.; Fotolia/Christian Jung; Fotolia/ExQuisine; photos.com
Bildredaktion: Gabriele Forst; red.sign, Stuttgart (S. 41–45)
Zeigebilder/Illustrationen: Factor Product, München; HGV Hanseatische Gesellschaft für Verlagsservice, München (S. 44/45, 56, 58/59, 63, 66, 73, 75)

10., aktualisierte Auflage 2018

Chefredaktion: Marion Zorn, MAIRDUMONT, Ostfildern
Redaktion: PONS GmbH, Stuttgart; Tamara Hub, MAIRDUMONT, Ostfildern; Barbara Pflüger, Stuttgart; trans texas publishing services GmbH, Köln
Konzept und Projektleitung: Carolin Schmid, C.C.SCHMID München
Bearbeitet von: Gordon Walker, Herrenberg; Sarah Wehmeier, Mary Dobrian, Köln
Satz: Fotosatz Kaufmann, Stuttgart

Kapitel Achtung! Slang
Redaktion: MAIRDUMONT, Ostfildern; Bintang Buchservice GmbH, Berlin
Autoren: Andrew Lyons; Katharina Grimm, Berlin

Titelgestaltung: Michael Schipke, MAIRDUMONT, Ostfildern
Innengestaltung: Zum goldenen Hirschen, Hamburg; red.sign, Stuttgart

Printed in Poland

MIX Paper FSC® C018236

> AUF ALLES VORBEREITET

Beim Arzt, bei der Polizei oder auf der Bank: Wenn's knifflig wird oder schnell gehen soll, dann hilft Ihnen dieses praktische Kapitel in jedem (Not-)Fall.

ARZT

AUSKUNFT | INFORMATION [infə'mäischn]

Können Sie mir einen guten ... empfehlen?	Can you recommend a good …? [kən ju ˌräkə'mänd‿ə gud ...]
Arzt	doctor ['doktə]
Augenarzt	eye specialist ['ai 'späschəlist]
Frauenarzt	gynaecologist [ˌgaini'kolədschist]

VON A BIS Z

Hals-Nasen-Ohren-Arzt	ear, nose and throat specialist ['iə 'nəus_ən 'θrəut 'späschəlist]
Hautarzt	dermatologist [ˌdöhmə'tolədschist]
Kinderarzt	pediatrician [ˌpihdiə'trischn]
Zahnarzt	dentist ['däntist]
Wo ist seine Praxis?	Where's his surgery? ['weəs his 'söhdschri]

Apotheke: Seite 57, 60

BEIM ARZT | AT THE DOCTORS [ät θə doktəs]

Was für Beschwerden haben Sie?	What's the trouble? ['wots θə 'trabl]
Ich habe mich verletzt.	I've hurt myself. [aiw 'höht mai,sälf]
Ich habe ...	I've got … [aiw got]
Kopfschmerzen.	a headache. [ə 'hädäik]
Halsschmerzen.	a sore throat. [ə 'soh 'θraut]
Husten.	a cough. [ə 'kof]
Ich bin allergisch gegen ...	I'm allergic to ... [aim_ə'löhdschik tə]
Antibiotika.	antibiotics. [äntibai'otiks]
Bienen.	bees. [bihs]
Pollen.	pollen. ['polən]
Ich bin gegen ... geimpft.	I'm vaccinated against ... [aim 'wäksinäitid əgänst]
Hepatitis A/B/A und B	hepatitis A/B/A and B. [häpə,taitis 'äi/'bih/äi ənd 'bih]
Tetanus	tetanus. ['tätənəs]
Typhus	typhoid. ['taifoid]
Wie oft muss ich es einnehmen?	How often do I have to take it? [hau oftən du_ai häw tə täik it]
Ich bin ...	I'm ... [aim]
Allergiker.	prone to allergies. [prəun tə 'älöhdschihz]
Diabetiker.	a diabetic. [ə daiə'bätik]
Epileptiker.	an epileptic. [ən_äpi'läptik]
Wo tut es weh?	Where does it hurt? ['weə das_it 'höht]
Ich habe hier Schmerzen.	I've got a pain here. [aiw got_ə 'päin 'hiə]
Es ist nichts Ernstes.	It's nothing serious. [its 'naθing 'siəriəs]
Können Sie mir bitte etwas gegen ... geben/ verschreiben?	Can you give me/prescribe something for …? [kən ju giw mi/pri'skraib 'samθing fə...]

BEIM ZAHNARZT | AT THE DENTIST'S [ät θə 'däntists]

Ich habe (starke) Zahnschmerzen.	I've got (terrible) toothache. [aiw got ('tärəbl) 'tuhθäik]
Dieser Zahn (oben/unten/ vorn/hinten) tut weh.	This tooth (at the top/bottom/front/back) hurts. ['θis ,tuhθ (ət θə 'top/'botəm/'frant/'bäk) 'höhts]
Ich habe eine Füllung verloren.	I've lost a filling. [aiw lost_ə 'filing]
Mir ist ein Zahn abgebrochen.	I've broken a tooth. [aiw 'brəukən_ə 'tuhθ]
Ich muss ihn plombieren.	I'll have to fill it. [ail 'häw tə 'fil_it]
Ich muss ihn ziehen.	It'll have to come out. [itl 'häw tə kam_ 'aut]
Geben Sie mir bitte eine/ keine Spritze.	I'd like an injection, please./ I don't want an injection. [aid laik_ən in'dschäkschn plihs/ai 'dəunt wont ən_in'dschäkschn]

IM KRANKENHAUS | IN HOSPITAL [in 'hospitl]

Wie lange muss ich hier bleiben?	How long will I have to stay here? ['hau 'long wil ai häw tə 'stäi hiə]
Wann darf ich aufstehen?	When can I get up? ['wän kən_ai 'gät_'ap]
Abszess	abscess ['äbsis]
Aids	Aids [äids]
Allergie	allergy ['älədschi]
ansteckend	contagious [kən'täidschəs]
Arm	arm [ahm]
Asthma	asthma ['äsmə]
Atembeschwerden	difficulty in breathing ['difikəlti in 'brihθing]
atmen	to breathe [brihθ]
Auge	eye [ai]
Ausschlag	rash [räsch]
Bänderriss	torn ligament ['tohn 'ligəmənt]
Bauch	stomach ['stamək]
Bein	leg [läg]
bewusstlos	unconscious [an'konschəs]
Blähungen	wind [wind]
Blase	bladder ['blädə]
Blinddarm	appendix [ə'pändiks]
Blut	blood [blad]
~druck	blood pressure ['blad ˌpräschə]
bluten	to bleed [blihd]
Blut|ung	bleeding ['blihding]
~vergiftung	blood-poisoning ['blad ˌpoisning]
Borreliose	borreliosis [bohräliosis]
Bronchitis	bronchitis [brong'kaitis]
Bruch	(Leisten~) hernia ['höhnjə]; (Knochen~) fracture ['fräktschə]
Brust	chest [tschäst], (weibliche ~) breast [bräst]
Bypass	bypass (operation) ['baipahs (ˌopə'räischn)]
Chirurg/in	surgeon ['söhdschn]
Darm	intestines [in'tästins]
Diabetes	diabetes [ˌdaiə'bihtihs]
Durchfall	diarrhoea [ˌdaiə'riə]
Eiter	pus [pas]
Empfang	reception [ri'säpschn]
Entzündung	inflammation [ˌinflə'mäischn]
erbrechen, sich	to vomit ['womit]
erkälten, sich	to catch a cold ['kätsch ə 'kauld]
Facharzt/ärztin	specialist ['späschəlist]

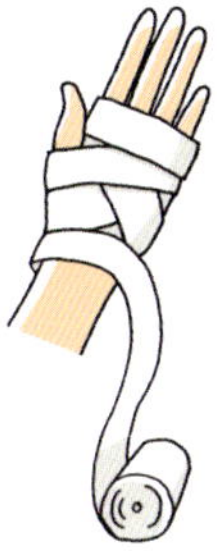

Fehlgeburt	miscarriage [ˌmisˈkäridsch]
Fieber	fever [ˈfihwə], temperature [ˈtämpritschə]
Finger	finger [ˈfingə]
Fuß	foot, (pl) feet [fut, fiht]
Gallenblase	gall-bladder [ˈgohlˌblädə]
gebrochen	broken [ˈbraukn]
Gehirn	brain [bräin]
~erschütterung	concussion [kənˈkaschn]
~schlag	stroke [strəuk]
Gelbsucht	jaundice [ˈdschohndis]
Gelenk	joint [dschoint]
Geschlechts|krankheit	venereal disease [wiˈniəriəl diˈsihs]
~organe	sexual organs [ˈsäksjuəl ˈohgəns]
geschwollen	swollen [ˈswəulən]
Geschwür	ulcer [ˈalsə]
Gesicht	face [fäis]
Grippe	flu [fluh]
Hals	neck [näk]; (Kehle) throat [θraut]
~schmerzen	sore throat [ˈsoh ˈθraut]
Hand	hand [ˈhänd]
Haut	skin [skin]
Herpes	herpes [həpis]
Herz	heart [haht]
~anfall	heart attack [ˈhaht əˈtäk]
~beschwerden	heart trouble [ˈhaht ˌtrabl]
~fehler	heart defect [ˈhaht diˈfäkt]
~infarkt	heart attack [ˈhaht əˈtäk], cardiac infarction [ˈkahdiäk inˈfahkschn]
~schrittmacher	pacemaker [ˈpäisˌmäikə]
Hexenschuss	lumbago [lamˈbäigəu]
Hirnhautentzündung	meningitis [mänəndschaitis]
HIV-positiv	HIV positive [aitsch ai wi pohsətew]
Hüfte	hip [hip]
Husten	cough [kof]
Impfung	vaccination [ˌwäksiˈnäischn]
Infektion	infection [inˈfäkschn]
Ischias	sciatica [saiˈätikə]
Kiefer	jaw [dschoh]
Kinderlähmung	polio [ˈpəuliəu]
Knie	knee [nih]
Knöchel	ankle [ˈänkl]
Knochen	bone [bəun]
~bruch	fracture [ˈfräktschə]

Kolik	colic ['kolik]
Kopf	head [häd]
~schmerzen	headache ['hädäik]
Krampf	cramp [krämp]
krank	ill [il], sick [sik]
Kranken|haus	hospital ['hospitl]
~schein	medical insurance card ['mädikl in'schuərns 'kahd]
~schwester	nurse [nöhs]
Krankheit	illness ['ilnis]
Krebs	cancer ['känsə]
Kreislaufstörung	circulatory disorder [ˌsöhkju'läitri dis'ohdə]
Kur	cure [kjuə]
Lähmung	paralysis [pə'rälisis]
Lebensmittelvergiftung	food-poisoning ['fuhdˌpoisning]
Leber	liver ['liwə]
Leistenbruch	hernia ['höhnjə], rupture ['raptschə]
Lippe	lip [lip]
Loch (im Zahn)	cavity ['käwiti]
Lunge	lungs [langs]
Magen	stomach ['stamək]
~schmerzen	stomach-ache ['staməkˌäik]
Mandeln	tonsils ['tonsls]
Masern	measles ['mihsls]
Menstruation	menstruation [ˌmänstru'äischn]
Migräne	migraine ['mihgräin]
Mittelohrentzündung	inflammation of the middle ear [ˌinflə'mäischn əw θə 'midl 'iə]
Mumps	mumps [mamps]
Mund	mouth [mauθ]
Muskel	muscle ['masl]
Narbe	scar [skah]
Narkose	anaesthetic [ˌänis'θätik]
Nase	nose [nəus]
Nerv	nerve [nöhw]
nervös	nervous ['nöhwəs]
Nieren|entzündung	nephritis [nä'fraitis]
~stein	kidney stone ['kidnistəun]
in Ohnmacht fallen	to faint [fäint]
Ohr	ear [iə]
Operation	operation [ˌopə'räischn]
Pilzinfektion	fungal infection [fuhngl in'fäktschn]
Plombe	filling ['filing]
Pocken	smallpox ['smohlpoks]

Praxis	practice ['präktis]
Prellung	bruise [bruhs], contusion [kən'tjuhschn]
Prothese	artificial limb [ˌahti'fischl 'lim]
Puls	pulse [pals]
Quetschung	bruise [bruhs], contusion [kən'tjuhschn]
Rheuma	rheumatism ['ruhmətism]
Rippe	rib [rib]
röntgen	X-ray [ˌäks'räi]
Röteln	German measles ['dschöhmən 'mihsls]
Rücken	back [bäk]
~schmerzen	backache ['bäkäik]
Rückgrat	spine [spain]
Salmonellen	salmonellae [ˌsealmə'nälə]
Schädel	skull [skal]
Scharlach	scarlet fever ['skahlit 'fihwə]
Schienbein	shin [schin]
Schlaflosigkeit	sleeplessness ['slihplisnis], insomnia [in'somniə]
Schlaganfall	stroke [strəuk]
Schlüsselbein	collarbone ['koləbəun]
Schmerzen	pain [päin]
Schnittwunde	cut [kat]
Schnupfen	cold [kəuld]
Schulter	shoulder ['schəuldə]
Schüttelfrost	fit of shivering ['fit əw 'schiwring]
schwanger/Schwangerschaft	pregnant/pregnancy ['prägnənt/1'prägnənsi]
Schwellung	swelling ['swäling]
Schwindel	dizziness ['disinis]
Sonnenstich	sunstroke ['sanstrəuk]
Speiseröhre	gullet ['galit]
Sprechstunde/Sprechzimmer	surgery ['söhdschəri]
Spritze	injection [in'dschäkschn]
Station	ward [wohd]
Stich	sting [sting]
Stirnhöhlenentzündung	sinusitis [ˌsainə'saitis]
Stuhlgang	bowel movement ['bauəl ˌmuhwmənt]
Tetanus	tetanus ['tätənəs]
Trommelfell	eardrum ['iədram]
Typhus	typhoid ['taifoid]
Übelkeit	nausea ['nohsjə]
Ultraschalluntersuchung	scan [skän]
Unterleib	abdomen ['äbdəmən]
Untersuchung	examination [igˌsämi'näischn]
Urin	urine ['juərin]

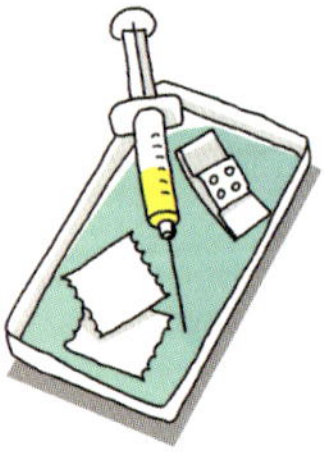

verbinden	to dress [dräs]
Verbrennung	burn [böhn]
Verdauung	digestion [di'dschästschn]
Verdauungsstörung	indigestion [ˌindi'dschästschn]
Vergiftung	poisoning ['poisning]
verletzen	to hurt [höht], to injure ['indschə]
Verletzung	injury ['indschəri]
verschreiben	to prescribe [pris'kraib]
verstaucht	sprained [spräind]
Verstopfung	constipation [ˌkonsti'päischn]
Virus	virus ['waiərəs]
Wartezimmer	waiting room ['wäitingrum]
wehtun	to hurt [höht], to be painful ['päinful]
Windpocken	chickenpox ['tschikinpoks]
Wunde	wound [wuhnd]
Zahn	tooth, (pl) teeth [tuhθ, tihθ]
~schmerzen	toothache ['tuhθäik]
Zecke	tick [tihk]
Zehe	toe [təu]
Zerrung	pulled ligament/muscle ['puld 'ligəmənt/'masl]
ziehen (Zahn)	to take out [ˌtäik 'aut], to extract [iks'träkt]
Zunge	tongue [tang]

BANK/GELDWECHSEL

> Zahlen: Umschlagklappe vorne

Wo ist hier bitte eine Bank/ eine Wechselstube?	Where's the nearest bank/bureau de change? ['weəs θə 'niərist 'bänk/'bjuərəu də 'schõhnsch]
Wann öffnet/schließt die Bank?	What time does the bank open/close? ['wot 'taim das θə bänk 'əupən/'kləus]
Ich möchte ... Euro (Schweizer Franken) in £ ($) wechseln.	I'd like to change … Euro (Swiss francs) into pounds (dollars). [aid laik tə tschäinsch juərəu ('swis 'fränks) 'intə 'paunds ('doləs)]
Wie ist heute der Wechselkurs?	What's the current exchange rate? ['wots θə 'karənt_iks'tschäinsch räit]
Ich möchte diesen Reisescheck einlösen.	I'd like to change this traveller's cheque. [aid laik tə tschäinsch θis 'träwləs 'tschäk]
Auf welchen Betrag kann ich ihn maximal ausstellen?	What's the maximum I can cash on one cheque? ['wots θə 'mäksiməm_ai kən ˌkäsch_on 'wan 'tschäk]

Darf ich bitte Ihren Pass/ Ausweis sehen?	May I see your passport/identity card, please? [mäi_ai sih joh 'pahspoht/ai'däntitikahd plihs]
Würden Sie bitte hier unterschreiben?	Sign here, please. [sain 'hiə plihs]
Gehen Sie bitte zur Kasse.	Go to the cash desk, please. [gəu tə θə 'käschdäsk plihs]
Der Geldautomat akzeptiert meine Karte nicht.	The cashpoint does not accept my card. [θə ˌkäschpoint das nat äksäpt mai kahd]
Der Geldautomat gibt meine Karte nicht mehr heraus.	The cashpoint has swallowed my card. [θə ˌkäschpoint həs swohlod mai kahd]

auszahlen	to pay out [ˌpäi 'aut]
Bank	bank [bänk]
Betrag	amount [ə'maunt]
Euro	Euro [juərəu]
Formular	form [fohm]
Geheimzahl	pin number ['pin ˌnambə]
Geld	money ['mani]
~automat	cashpoint ['käschpoint]
~schein	banknote ['bänknəut]
~wechsel	exchange [iks'tschäinsch]
Kleingeld	change [tschäinsch]
Kreditkarte	credit card ['krädit kahd]
Kurs	rate of exchange ['räit əw iks'tschäinsch]
Münze	coin [koin]
Reisescheck	traveller's cheque ['träwləs 'tschäk]
Schalter	counter ['kauntə], window ['windəu]
Scheck	cheque (Am check) [tschäk]
Schweizer Franken	Swiss franc(s) ['swis 'fränk(s)]
umtauschen	to change [tschäinsch]
Unterschrift	signature ['signitschə]
Währung	currency ['karənsi]
Wechsel|kurs	exchange rate [iks'tschäinsch ˌräit]
~stube	bureau de change ['bjuərəu də 'schöhnsch]
Zahlung	payment ['päimənt]

FARBEN

> Zeigebilder: Seite 4

beige	beige [bäisch]
blau	blue [bluh]

braun	brown [braun]
einfarbig	plain [pläin]
farbig	coloured [kaləd]
gelb	yellow [.jäləu]
goldfarben	gold [gəuld]
grau	grey [gräi]
grün	green [grihn]
lila	purple [pöhpl]
orange	orange [.orindsch]
rosa	pink [pink]
rot	red [räd]
schwarz	black [bläk]
silberfarben	silver [.silwə]
türkis	turquoise [.törkois]
violett	purple [pöhpl]
weiß	white [wait]
hellblau/hellgrün	light blue/light green [lait bluh/lait grihn]
dunkelblau/dunkelgrün	dark blue/dark green [dahk bluh/dahk grihn]

FOTOGRAFIEREN

Zeigebilder: Seite 59

Darf ich Sie fotografieren?	Do you mind if I take a picture of you? [dju maind if ai täik ə .piktschə əw juh]
Ist hier Fotografieren erlaubt?	Am I allowed to take pictures here? [äm ai ə'laud tu täik .piktschəs hiə]
Wären Sie wohl so freundlich, ein Foto von uns zu machen?	Would you mind taking a photo of us? [wud ju maind täiking ə fəutəu əw as]
Sie müssen auf diesen Knopf drücken.	You only have to press this button. [juh .əunli häw tu präs .θis bahtn]
Das ist sehr freundlich!	That's very kind of you. [θäts wäri kaind əw juh]

FUNDBÜRO

Wo ist das Fundbüro, bitte?	Where's the lost-property office, please? ['weəs θə ˌlost'propəti_ˌofis plihs]
Ich habe ... verloren.	I've lost … [aiw 'lost ...]
Ich habe meine Handtasche im Zug vergessen.	I left my handbag on the train. [ai läft mai 'hänbäg on θə 'träin]

Benachrichtigen Sie mich bitte, wenn sie abgegeben werden sollte.	Please let me know if it's handed in. ['plihs lät mi 'nəu_if its ˌhändid_'in]
Hier ist meine Hotelanschrift/ Heimatadresse.	Here's the address of my hotel/my home address. ['hiəs θi_ə'dräs_əw mai həu'täl/mai 'həum_ə'dräs]

HANDY, TELEFON & CO.

Meine Prepaid-Karte ist leer.	There's nothing left on my prepaid card. [θäəs naθing 'läft_on mai prihpäid 'kahd]
Bitte eine Prepaid-Karte (von ...).	A prepaid card (for...), please. [ə ˌprihpäid 'kahd (fə ...) plihs]
Ich möchte meine Karte aufladen.	I'd like to top up my card. [aid laik tə top_ap mai 'kahd]
Bitte eine SIM-Karte.	A SIM card, please. [ə 'sim kahd plihs]
Für welches Gebiet gilt diese SIM-Karte?	For what area is this SIM card valid? [fə wot ˌaəriə is ˌθis sim kahd wälid]
Wie viel kostet es pro Minute?	How much does it cost per minute? [hau matsch dəs_it kost_ə 'minit]
Geben Sie mir bitte eine Tarifübersicht.	Please give me a list of charges. [plihs giw mi ə list əw tschahdschis]
Haben Sie Guthabenkarten der Mobilfunkgesellschaft ...?	Have you got prepaid cards of the mobile communications provider ...? [həw ju got pripäid kahds əw θə məubail ˌkohmjuhnəkäischns prəuwaidə]
Mein Akku ist leer. Haben Sie ein Ladekabel für mich?	My battery's empty. Do you have a charger cable for me? [mai bätris_'ämpti du juh häw_ə 'tschahdschə käibl fə mih]
Ich möchte ein R-Gespräch führen.	I'd like to reverse the charges/(Am) to call collect. [aid laik tə ri'wöhs θə 'tschahdschis/tə kohl kə'läkt]
Wie ist die Vorwahl von ...?	What's the national code for …? ['wots θə 'näschnl 'kəud fə]
Ich möchte nach ... telefonieren.	I'd like to phone ... [aid laik tə fəun]
Hier spricht ...	This is … speaking. ['θis_is 'spihking]
Hallo, mit wem spreche ich?	Hello, who's speaking? [ˌhə'ləu 'huhs 'spihking]
Kann ich bitte Herrn/Frau/ Fräulein ... sprechen?	Can I speak to Mr/Mrs/Miss …, please? [kən_ai 'spihk tə 'mistə/'misis/'mis plihs]
Haben Sie WLAN?	Do you have WiFi? [du_ju_häw waifai]
Wie lautet das Passwort?	What's the password? [wots θə 'paswörd]
Ich bekomme keine Verbindung.	I can't get a connection. [ai ˌkahnt gät_ə kə'näkschn]
Kann ich bei Ihnen etwas ausdrucken?	May I use your printer? [mäi_ai juhs joh 'printər]

VON A BIS Z

abnehmen	to answer the phone ['ahnsə θə 'fəun]
Anruf	(phone) call [('fəun)kohl]
Auskunft	directory enquiries [di'räktri in'kwaiəris]
Auslandsgespräch	international call [ˌintə'näschənl kohl]
Besetztzeichen	engaged signal [in'gäidschd ˌsignl]
Ferngespräch	long-distance call [ˌlong 'distəns kohl]
Gebühr	charge [tschahdsch]
Gebühreneinheit	unit ['juhnit]
GPS (Global Positioning System)	GPS [dschi pi 'es]
Handy	mobile phone/Am cell phone [məubail fəun/säl fəun]
Hörer	receiver [ri'sihwə]
Ladekabel	charger cable ['tschahdschə käibl]
Ortsgespräch	local call ['ləukl kohl]
Prepaid-Karte	prepaid card [ˌprihpäid 'kahd]
Selfiestick	selfie stick ['selfi stik]
SIM-Karte	SIM card ['sim kahd]
Smartphone	smartphone ['smahtfəun]
Tablet	tablet (computer) ['täblət]
Telefon	telephone ['tälifəun]
~buch	telephone directory ['tälifəun di'räktri]
~karte	phonecard ['fəunkahd]
~nummer	phone number ['fəun ˌnambə]
~zelle	phone box ['fəunboks]
telefonieren	to make a phone call [mäik_ə 'fəunkohl]
Verbindung	line [lain]
Vorwahlnummer	national code ['näschnl 'kəud] (Am area code ['eəriə 'kəud])
wählen	to dial ['dail]

MIT KINDERN UNTERWEGS

Gibt es auch Kinderportionen?	Are there also children's portions? [ah θäə_'ohlsəu 'tschildrəns 'pohschəns]
Könnten Sie mir bitte das Fläschchen warm machen?	Could you please warm up the bottle? [kud juh plihs wohm ap θə 'botl]
Haben Sie einen Wickelraum?	Do you have a mothers' and babies' room? [duh juh häw äi 'maθəs änd 'bäibis ruhm]
Wo kann ich stillen?	Where can I breast feed? [weə kən_ai 'bräst_fihd]
Bitte bringen Sie noch einen Kinderstuhl.	Please bring another high chair. [plihs bring ə'naθə hai tschäə]

Können Sie mir einen Spielplatz empfehlen?	Can you recommend a (children's) playground? [kän_ju 'rikəment ə (tschildrəns) 'pläigraund]
Babybett	cot [kott]
Babyfon	baby intercom [.bäibi .intəkohm]
Babynahrung	baby food ['bäibi fuhd] > S. 86 f.
Babysitter	babysitter ['bäibi,sitə]
Fläschchenwärmer	bottle warmer ['botl wohmə]
Kinderautositz	child's safety seat [tschailds 'säifti siht]
Kinderermäßigung	child reduction ['tschaild ri'dakschn]
Kinderkrankenhaus	children's hospital ['tschildrəns ,hospitl]
Planschbecken	paddling pool ['pädling ,puhl]
Saugflasche	feeding bottle [.fihding ..botl]
Schnuller	dummy ['dami]
Schwimmflügel	water wing ['wohtəwing]
Schwimmring	tyre ['taiə]
Spielkameraden	playmates ['pläi,mäits]
Spielplatz	playground ['pläigraund]
Spielsachen	toys [tois]
Wickeltisch	baby's changing table ['bäibis 'tschäindsching 'täibl]
Windeln	nappies [.näpis] (Am diapers [.daiəpəs])

POLIZEI

Wo ist bitte das nächste Polizeirevier?	Where's the nearest police station, please? ['weəs θə 'niərist pə'lihs ,stäischn plihs]
Ich möchte einen Unfall anzeigen.	I'd like to report an accident. [aid laik tə ri'poht_ən 'äksidənt]
Ich bin überfallen/ vergewaltigt worden.	I've been mugged/raped. [aiw bihn 'magd/'räipd]
Mir ist ...	My … [mai]
die Handtasche	handbag ['hänbäg]
der Geldbeutel	wallet [.wolit]
mein Fotoapparat	camera ['kämrə]
mein Auto/mein Fahrrad	car/bike ['kah/'baik]
gestohlen worden.	has been stolen. [həs bin 'stəulən]

Mein Auto ist aufgebrochen worden.	My car has been broken into. [mai 'kah həs bin 'brəukn_'intu]
Aus meinem Auto ist … gestohlen worden.	… has been stolen from my car. [həs bin 'stəulən frəm mai 'kah]
Ich habe … verloren.	I've lost … [aiw 'lost …]
Mein Sohn/Meine Tochter ist seit … verschwunden.	My son/daughter has been missing since … [mai 'san/'dohtə həs bin 'mising sins]
Können Sie mir bitte helfen?	Can you help me, please? ['kən ju 'hälp mi plihs]
Ich möchte einen Anwalt sprechen.	I'd like to speak to a lawyer. [aid laik tə spihk tə ə 'loijə]
Wir werden der Sache nachgehen.	We'll look into the matter. [wihl luk 'intə θə 'mätə]
Ihren Namen und Ihre Anschrift, bitte.	Your name and address, please. [joh 'näim_ən_ə'dräs plihs]
Wenden Sie sich an das deutsche/österreichische/Schweizer Konsulat.	Get in touch with the German/Austrian/Swiss consulate. [gät_in tatsch wiθ θə 'dschöhmən/θi_'ostriən/θə 'swis 'konsjulət]

anzeigen	to report [ri'poht]
aufbrechen	to break into/open [bräik 'intu/'əupn]
Auto|papiere	car documents ['kah 'dokjumənts]
~radio	car radio ['kah 'räidiəu]
~schlüssel	car keys ['kah kihs]
belästigen	to harass ['härəs]
beschlagnahmen	to confiscate ['konfiskäit]
Brieftasche	wallet ['wolit]
Dieb	thief [θihf]
~stahl	theft [θäft]
Gefängnis	prison ['prisn]
Geld	money ['mani]
~beutel	purse [pöhs]
Gericht	court [koht]
Papiere	papers ['päipəs], documents ['dokjumənts]
Personalausweis	identity card [ai'däntiti kahd]
Polizei	police [pə'lihs]
Polizist/in	policeman/policewoman [pə'lihsmən/pə'lihs‚wumən]
Rauschgift	drugs [drags]
Rechtsanwalt/anwältin	lawyer ['lohjə]
Reisepass	passport ['pahspoht]
Richter/in	judge [dschadsch]

Scheck	cheque (Am check) [tschäk]
~karte	cheque card ['tschäk kahd]
Schlüssel	key [kih]
Taschendieb	pickpocket ['pik,pokit]
Überfall	attack [ə'täk], mugging ['maging]
Verbrechen	crime [kraim]
Vergewaltigung	rape [räip]
verhaften	to arrest [ə'räst]
verlieren	to lose [luhs]
zusammenschlagen	to beat up ['biht 'ap]

POST

Wo ist das nächste Postamt/ der nächste Briefkasten?	Where's the nearest post office/post-box? ['weəs θə 'niərist 'pəust,ofis/'pəust boks]
Was kostet ein Brief/ eine Postkarte ...	How much does a letter/postcard ... ['hau 'matsch das_ə 'lätə/'pəustkahd]
nach Deutschland?	to Germany [tə 'dschöhməni]
nach Österreich?	to Austria [tu_'ostriə]
in die Schweiz?	to Switzerland [tə 'switsələnd]
	cost? [kost]
Diesen Brief bitte per ...	I'd like to send this letter ... [aid laik tə sänd θis 'lätə]
Luftpost.	by airmail. [bai_'eəmäil]
Express.	express. [iks'präs]
Wie lange braucht ein Brief nach Deutschland?	How long does a letter to Germany take? ['hau 'long das_ə 'lätə tə 'dschöhməni täik]

Absender	sender ['sändə]
Adresse	address [ə'dräs]
aufgeben	to post [pəust]
ausfüllen	to fill in [fil 'in]
Bestimmungsort	destination [,dästi'näischn]
Brief	letter ['lätə]
~kasten	post-box ['pəustboks]
~marke	stamp [stämp]
~umschlag	envelope ['änwələup]
Eilbrief	express letter [iks'präs 'lätə]
Empfänger	addressee [,ädrä'sih]
Formular	form [fohm]

frankieren	to stamp [stämp]
Gebühr	charge [tschahdsch], fee [fih]
Gewicht	weight [wäit]
Hauptpostamt	main post office ['mäin 'pəustˌofis]
Leerung	collection [kə'läkschn]
Luftpost, mit	by airmail [bai 'eəmäil]
Paket	parcel ['pahsl]
Porto	postage ['pəustidsch]
Post|amt	post office ['pəustˌofis]
~karte	postcard ['pəuskahd]
~leitzahl	post code ['pəuskəud] (Am zip code ['sipkəud])
Schalter	counter ['kauntə], window ['windəu]
Vordruck	form [fohm]

TOILETTE UND BAD

Wo ist bitte die Toilette?	Where is the toilet, please? [waa is θə ˌtoilit plihs]
Dürfte ich wohl bei Ihnen die Toilette benutzen?	May I use your toilet? [mäi ai jus joh ˌtoilit]
Würden Sie mir bitte den Schlüssel für die Toiletten geben?	Would you give me the key for the toilet, please? [wud juh gihw mi θə kih fə θə ˌtoilit plihs]
Die Toilette ist verstopft.	The toilet is blocked up. [θə 'toilit is 'blockt 'ap]

Damen	Ladies [läidis]
Handtuch	towel [ˌtaul]
Handwaschbecken	washbasin [wosch'bäisn]
Herren	Gents [dschänts]
sauber	clean [clihn]
schmutzig	dirty [döhti]
Seife	soap [səup]
Toilettenpapier	toilet paper [ˌtoilit päipə]

> Kasten S. 72

Wetter: S. 19
Zahlen: Umschlagklappe vorne
Zeitangaben: S. 16/17

DIE 1333 WICHTIGSTEN WÖRTER

Die hinter der englischen Aussprache aufgeführten Zahlen verweisen auf die entsprechenden Seiten der themenbezogenen Kapitel.

A

ab from [from]
abbestellen to cancel ['känsl]
Abend evening ['ihwning], night [nait]
aber but [bat]
Abfahrt departure [di'pahtschə] > 31 f., 34
Abflug take-off ['täik-of] > 29 f.
ablaufen to expire [ik'spaiə]
ablehnen to decline [di'klain], to refuse [ri'fjuhs]
Abreise departure [di'pahtschə] > 71
abreisen (nach) to leave (for) ['lihw foh]
Abschied farewell [fäə'wäl] > 12
abschleppen to tow (away) [təu (ə'wäi)] > 24 f.
Absender sender ['sändə]
abwärts down [daun]
Achtung attention [ə'tänschn]; (Vorsicht!) look out! ['luk'aut]
Adresse address [ə'dräs]
Aktivurlaub active holiday [äktəw ˌholədi] > 84 ff.
alle all [ohl]
allein alone [ə'ləun]
alles everything ['äwriθing]
als (zeitlich) when [wän]; (bei Vergleich) than [θän]
also so [səu], thus [θas]
alt old [əuld]
Alter age [äidsch] > 14
Amerika America [ə'märikə]
Amerikaner/in American [ə'märikn]
Amt (Dienststelle) office ['ofis], department [di'pahtmənt]
an on [on]
anbieten to offer ['ofə]
andere, der ~ the other ['aθə]
ändern to change [tschäindsch], to alter ['ohltə]
anders different(ly) ['difrənt(li)]
Anfang beginning [bi'gining]
angelsächsisch Anglo-Saxon [ˌängləu'säksn]
Angst fear [fiə]
anhalten to stop [stop]
ankommen to arrive [ə'raiw]
Ankunft arrival [ə'raiwl] > 30
Anmeldung registration [ˌrädschis'träischn] > 69 f.
Anreisetag day of arrival [däi əw ə'raiwl]
Anruf (phone) call [('fəun)kohl] > 118 f.
anrufen to ring [ring], to call [kohl], to phone [fəun]
Anschluss connection [kə'näkschn] > 31
Anschrift address [ə'dräs]
anstatt instead of [in'städ əw]
anstrengend strenuous ['stränjuəs]
antworten to answer ['ahnsə], to reply [ri'plai]
Apotheke chemist's ['kämists] > 57, 60
Appetit appetite ['äpitait]
arbeiten to work [wöhk]
ärgern, s. ~ (über) to be angry ['ängri] (about/at)
arm poor [puə]
Ärmelkanal the English Channel ['inglisch 'tschänl]
Art kind [kaind], sort [soht]
Arzt doctor ['doktə] > 104 ff.
Atlantik Atlantic [ət'läntik]
auch also ['ohlsəu]; (nachgestellt) too [tuh]
auf on [on]
aufbrechen to break into/open [bräik 'intu/'əupn]
Aufenthalt stop [stop], stay [ˌstäi]
aufgeben (Gepäck) to register ['rädschistə] > 31; (Post) to post [pəust], (Am) to mail [mäil] > 117
aufhören to stop [stop]
aufpassen (auf) to take care of [täik 'käər əw], to look after [luk 'ahftə]
aufstehen to get up ['gät 'ap]
Augenblick moment ['məumənt]
aus (Herkunft) from [from]; (Material) of [ow]
Ausfahrt (Autobahn~) exit ['ägsit]
Ausflug excursion, trip [ik'sköhschn, trip] > 81
ausfüllen to fill in [fil 'in]
Ausgang exit ['ägsit], way out ['wäi 'aut]
Auskunft information [infə'mäischn] > 8 f., 20, 23, 29 f., 31, 34, 68, 78; (Telefon~) directory enquiries [di'räktri in'kwaiəris] > 118
Ausländer foreigner ['forənə]
außen outside [ˌaut'said]
außer except [ik'säpt]
außerdem besides [bi'saids]
Aussicht view [wjuh]

aussprechen to pronounce [prə'nauns]
aussteigen to get out ['gät 'aut] > 32, 34
Ausweis (Personal~) identity card [ai'däntiti kahd]
Auto car [kah] > 23 ff.
Autopapiere car documents ['kah 'dokjumənts] > 27

B

Baby baby ['bäibi] > 114 f.
Bahnhof station ['stäischn] > 31 f.
bald soon [suhn]
Bank (Geldinstitut) bank [bänk] > 111 f.
Bar bar [bah]
Baum tree [trih]
beachten to pay attention to [päi ə'tänschn tuh]
Beanstandung complaint [kəm'pläint] > 38, 70
beantworten to reply [ri'plai], to answer ['ahnsə]
bedeuten to mean [mihn]
Bedienung service ['söhwis]
beenden to finish ['finisch]
befinden, s. ~ to be [bih]
befreundet sein to be friends [fränds]
befürchten to fear [fiə], to be afraid (of) [ə'fräid]
begegnen to meet [miht]
beginnen to begin [bi'gin], to start [staht]
begleiten to accompany [ə'kampəni]
begrüßen to greet [griht], to welcome ['wälkəm] > 10
behalten to keep [kihp]
Behörde authorities [oh'θoritis]
bei (nahe) near [niə]
beide both [bəuθ]
Beileid condolence(s) [kən'dəuləns(is)]
Beispiel example [ig'sahmpl]
beißen to bite [bait]
beklagen, s. ~ (über) to complain (of/about) [kəm'pläin (əw/ə'baut)]
belästigen to harass ['häräs] > 116
beleidigen to offend [ə'fänd], to insult [in'salt]
Belgien Belgium ['bäldschəm]
Belgier/in Belgian ['bäldschən]
benachrichtigen to inform [in'fohm]
benötigen to need [nihd]
benutzen to use [juhs]; (Verkehrsmittel) to take [täik]
Benzin petrol (Am gas) ['pätrəl, gäs] > 23, 25
Berg mountain ['mauntin]
Beruf job [dschob], profession [prə'fäschn]
beruhigen, s. ~ to calm down ['kahm 'daun]
beschädigen to damage ['dämidsch]
bescheinigen to certify ['söhtifai]
beschlagnahmen to confiscate ['konfiskäit]
beschließen to decide [di'said]
beschweren, s. ~ (über) to complain (about) [kəm'pläin (ə'baut)]
besetzt (Platz) occupied ['okjupaid], taken ['täikn]; (voll) full [ful]; (Telefon, Toilette) engaged [in'gäidschd]
besichtigen to visit ['wisit]
Besichtigung tour [tuə] > 78 ff.
besitzen to own [əun]
Besitzer/in owner ['əunə]
besorgen to get [gät]
bestätigen to confirm [kən'föhm]
Besteck cutlery: knife, fork and spoon ['katləri, 'naif, 'fohk ən 'spuhn]
Bestellung order ['ohdə] > 38
bestimmt certain(ly) ['söhtn(li)]
besuchen, jdn ~ to visit s. o. ['wisit], to call on s. o. ['kohl on]
Betrag amount [ə'maunt]
betreten to enter ['äntə]
betrinken, s. ~ to get drunk ['gät 'drank]
betrügen to cheat [tschiht]
betrunken drunk [drank]
Bett bed [bäd]
Bewohner inhabitant [in'häbitənt]
bewusstlos unconscious [an'konschəs]
bezahlen to pay [päi] > 38
Biene bee [bih]
Bild picture ['piktschə]; (Abbildung) illustration [ˌiləs'träischn]; (Gemälde) painting ['päinting]
billig cheap [tschihp]
bis to [tuh]; (zeitlich) till [til], until [ən'til]
bisschen, ein ~ a bit [bit]
bitte please [plihs]; wie bitte? Pardon? ['pahdn] > 12
Bitte request [ri'kwäst]
bitten, jdn um etw ~ to ask s. o. for s. th. [ahsk]
blau blue [bluh]
bleiben to remain [ri'mäin], to stay [stäi]
Blitz (Gewitter) lightning ['laitning]; (Foto) flash [fläsch]
Blume flower ['flauə]
Blut blood [blad]
Boden ground [graund]; (Fußboden) floor [floh]
Boot boat [bəut] > 85
böse evil ['ihwl]; (ungezogen) naughty ['nohti]; (verärgert) angry ['ängri]
Botschaft (dipl. Vertretung) embassy ['ämbəsi]
Brand fire ['faiə]
brauchen to need [nihd], to want [wont]; (Zeit) to take [täik]
brechen to break [bräik]

breit broad [brohd], wide [waid]
Bremse brake [bräik] > 24 ff.
brennen to burn [böhn]
Brief letter ['lätə] > 117
Brieftasche wallet ['wolit] > 115 f.
Brille glasses ['glahsis] > 65
bringen (herbringen) to bring [bring]; (wegbringen) to take [täik]
Brot bread [bred] > 43, 46
Bruder brother ['braθə]
Buch book [buk] > 56, 67
buchstabieren to spell [späl]
Bucht bay [bäi]
Buchung booking ['buking] > 7 f., 29 f.
Büro office ['ofis]
Bus bus [bas] > 34 f.

C

Café café ['käfäi]
Camping camping ['kämping] > 9, 76 f.
Chef head [häd], boss [bos]
Club/Diskothek club/discotheque [klab/diskətäk] > 82
Computer computer [kompjuhtə] > 59, 114
Computerhandlung computer shop [kompjuhtə schop] > 56, 59
Cousin/e cousin ['kasn]

D

da (Ort) there [θäə]; (Zeit) then [θän]; (Grund) as [äs], because [bi'kos]
dafür sein to be for it ['fohr it]
dagegen sein to be against it [ə'gänst it]
daheim at home [ət 'həum]
daher (Grund) therefore ['θäəfoh]
damals then [θän], at that time [taim]
Dame lady ['läidi]
danach afterwards ['ahftəwəds]
Dank thanks [θänks] > 12
danken to thank [θänk]
dann then [θän]
da sein (anwesend) to be present ['präsnt], to be there [θäə]
dasselbe the same [säim]
Datum date [däit] > 17
Dauer duration [djuə'räischən]
dauern to last [lahst]
Decke (Bettdecke) blanket ['blänkit]
defekt fault [fohlt] > 24 f.
dein your [joh]
denken (an) to think (of) ['θink əw]
denn for [foh]
deshalb therefore ['θäəfoh]
Deutsche, der/die German ['dschöhmən]
Deutschland Germany ['dschöhməni]
dich you [juh]
dick thick [θik]; (Person) stout [staut], fat [fät]
Diebstahl theft [θäft] > 115 f.
diese(r, s) this [θis], (pl) these [θihs]; (dort) that [θät], (pl) those [θəus]
Ding thing [θing]
dir to you ['tə 'juh]; (unmittelb. hinter d. Verb) you [juh]
Direktor director [di'räktə], manager ['mänidschə]
Disko discotheque ['diskətäk] > 82
doch yet [jät], however [hau'äwə]
Doktor/in doctor ['doktə]
doppelt (adj) double ['dabl]; (adv) twice [twais]
Dorf village ['wilidsch]
draußen outside [ˌaut'said]
drin, drinnen inside [ˌin'said], indoors [ˌin'dohs]
dringend urgent ['öhdschənt]
Drogerie chemist's ['kämists] > 56, 58
du you [juh]
dumm stupid ['stjuhpid]
dunkel dark [dahk]
dünn thin [θin]; (schlank) slim [slim], slender ['sländə]
durch through [θruh]; (quer durch) across [ə'kros]; (Mittel) by (means of) [bai('mihns əw)]
Durchgang passage ['päsidsch]; (Tor) gateway ['gäitwäi]
Durchreise, auf der ~ passing through ['pahsing 'θruh]
Durchreisevisum transit-visa ['tränsitˌwihsə]
durchschnittlich (adj) average ['äwridsch]; (adv) on average
dürfen to be allowed [ə'laud]
durstig sein to be thirsty ['θöhsti]

E

eben (flach) flat [flät]; (glatt) smooth [smuhθ]; (zeitlich) just now ['dschast 'nau]
Ebene plain [pläin]
echt genuine ['dschänjuin]
Ecke corner ['kohnə]
Ehefrau wife [waif]
Ehemann husband ['hasbənd]
Ehepaar married couple ['märid 'kapl]
Ei egg [äg]
Eigenschaft quality ['kwoliti], characteristic [ˌkäriktə'ristik]
Eigentümer/in owner ['aunə]
eilig urgent ['öhdschənt]
ein(e) one [wan]
Einfuhr import ['impoht]

WÖRTERBUCH

Eingang entrance ['äntrəns]
einige some [sam]; (bei Frage, Verneinung, Bedingung) any ['äni]
einigen, s. ~ to agree [ə'grih]
einkaufen to buy [bai], to go shopping [gəu 'schoping] > 54 ff.
einladen to invite [in'wait]
einmal once [wans]
einreisen to enter the country ['äntə θə 'kantri] > 22 f.
eins one [wan]
einsam (Mensch) lonely ['launli]; (Haus usw.) secluded [si'kluhdid], isolated ['aisəläitid]
eintreten to enter (a room) ['äntə]
Eintrittskarte (admission) ticket [(əd'mischn) 'tikit] > 83
Einwohner inhabitant [in'häbitənt]
Eisenbahn railway ['räilwäi]; (Zug) train [träin] > 31 f.
Elektrohandlung electrical goods [i'läktrikəl guds] > 56, 59
Eltern parents ['päərənts]
E-Mail-Adresse e-mail address [ihmäil ,ədräs] > 8
Empfang reception [ri'säpschn]
Empfänger addressee [,ädrä'sih] > 117
empfehlen to recommend [,räkə'mänd]
enden to end [änd]
endgültig (adj) definite ['däfinit]; (adv) definitely ['däfinitli]
endlich finally ['fainəli]
England England ['inglənd]
Engländer/in Englishman/-woman ['inglischmən/-,wumən]
englisch English ['inglisch]
Enkel/in grandson ['gränsan]/granddaughter ['grän,dohtə]
entdecken to discover [dis'kawə]
entfernt distant ['distənt]
entgegengesetzt opposite ['opəsit]
entlang along [ə'long]
entscheiden to decide [di'said]
entschließen, s. ~ to make up one's mind ['mäik ap wans 'maind]
Entschluss decision [di'sischn]
entschuldigen, s. ~ to apologize [ə'polədschais] > 12
Entschuldigung excuse [iks'kjuhs] > 12
enttäuscht disappointed [,disə'pointid]
entweder ... oder either ... or ['aiθə 'oh]
entwickeln to develop [di'wäləp]
er he [hih]
Erde earth [öhθ]
Erdgeschoss ground-floor ['graund'floh]
ereignen, s. ~ to happen ['häpn]
Ereignis event [i'wänt]
erfahren to learn [löhn], to hear [hiə]; (adj) experienced [iks'piəriənst]
erfreut (über) pleased (with) [plihsd (wiθ)], glad (of) [gläd (əw)]
Ergebnis result [ri'salt]
erhalten to receive [ri'sihw], to get [gät]
erhältlich obtainable [əb'täinəbl], available [ə'wäiləbl]
erholen, s. ~ to recover [ri'kawə]
erinnern, jdn an etw ~ to remind [ri'maind] s. o. of s. th.; **s. erinnern** to remember [ri'mämbə]
erkennen to recognize ['räkəgnais]; (erfassen) to realize ['riəlais]
erklären to declare [di'kläə]; (deutlich machen) to explain [iks'pläin]
erkundigen, s. ~ to inquire [in'kwaiə]
erlauben to allow [ə'lau], to permit [pə'mit]
Erlaubnis permission [pə'mischn]
erledigen to settle ['sätl]
Ermäßigung reduction [ri'dakschn]
ernst serious ['siəriəs]
erreichen to reach [rihtsch]
Ersatz replacement [ri'pläismənt]; (Ausgleich) compensation [,kompän'säischn]
erschöpft exhausted [ig'sohstid]
erschrecken to frighten ['fraitn], to startle ['stahtl]; (erschrocken sein) to be alarmed [ə'lahmd]
ersetzen to replace [ri'pläis]; (Schaden) to make good ['mäik 'gud]
erst (zuerst) first of all ['föhst əw ,ohl]; (nicht früher als) only ['aunli]
Erwachsene(r) adult ['ädalt]
erzählen to tell [täl]
Erziehung education [,ädju'käischn]
es it [it]; **es gibt** there is [θäər is], there are [θäər ah]
essbar edible ['ädibl]
essen to eat [iht]
Essen (Mahlzeit) meal [mihl] > 36 ff.; (Nahrung) food [fuhd] > 64 f.
etwa about [ə'baut]
etwas something ['samθing]; (verneint, fragend) anything ['äniθing]; (ein wenig) a little ['litl]
euch you [juh]
euer your [joh]
Euro Euro ['juərəu] > 111 f.
Europa Europe ['juərəp]
Europäer/in European [,juərə'piən]

F

Fabrik factory ['fäktəri]

fahren (mit dem Zug, Auto) to go [gəu] by train, car etc.; (lenken) to drive [draiw]
Fahrkarte ticket ['tikit] > 32, 34
Fahrplan timetable ['taim,täibl] > 32, 34
Fahrrad bicycle, bike ['baisikl, baik] > 23 ff.
Fahrstuhl lift [lift], (Am) elevator ['äliwäitə]
Fahrt (Reise) journey ['dschöhni], trip [trip]; (See~) voyage ['woiidsch]; (Auto) drive [draiw]
fallen to fall [fohl]
falsch wrong [rong]
Familie family ['fämili]
Familienname surname ['söhnäim]
Farbe colour ['kalə] > 112 f.
faul lazy ['läisi]; (Obst) rotten ['rotn]
fehlen to be missing ['mising]
Fehler (den man macht) mistake [mis'täik]; (den man hat) fault [fohlt]
Feiertag holiday ['holədi] > 18 f.
Feld field [fihld]
Fels rock [rok]; (Klippe) cliff [klif]
Ferien holidays ['holədis], (Am) vacation [wə'käischən]
Ferienhaus holiday home ['holədi ,həum] > 9, 74 f.
Ferngespräch long-distance call [,long 'distəns kohl] > 118 f.
fertig (bereit) ready ['rädi]; (vollendet) finished ['finischt]
Fest celebration [,säli'bräischn] > 83, party ['pahti]
Festland mainland, dry land ['mäinländ, 'drai 'länd]
fett fat [fät]
feucht moist [moist], damp [dämp]
Feuer fire ['faiə]
Feuerlöscher fire extinguisher ['faiəriks,tingwischə]
Feuermelder fire alarm ['faiərə,lahm]
Feuerwehr fire brigade ['faiəbri,gäid]
Film film [film], (Am) movie ['muhwi] > 82 f.; (Foto) (roll of) film [(rəul əw) film]
finden to find [faind]
Firma firm [föhm], company ['kampəni]
Fisch fish [fisch] > 44, 47
Flasche bottle ['botl]
Fleisch meat [miht] > 38, 45, 48
Fliege fly [flai]
fliegen to fly [flai]
fließen to flow [fləu]
flirten to flirt [flöht] > 15
Flug flight [flait] > 29 ff.
Flugzeug plane [pläin] > 29 ff.
Fluss river ['riwə]
folgen to follow ['foləu]
fordern to demand [di'mahnd], to ask [ahsk]
Formular form [fohm]
fort away [ə'wäi]
fortsetzen to continue [kən'tinju]
Foto photo(graph) ['fəutəu (grahf)]
Fotoartikel photographic materials [,fəutə'gräfik mə'tiəriəls] > 56, 59
fotografieren to take a photo ['täik ə 'fəutəu] > 113
Frage question ['kwästschn]; (Problem) problem ['probləm]
fragen to ask [ahsk]
frankieren to stamp [stämp]
französisch French [fräntsch]
Frau woman ['wumən]; (Ehefrau) wife [waif]; (Anrede) Madam ['mädəm]; (vor Namen) Mrs ['misis]
frei free [frih]; (Toilette) vacant ['wäiknt]; (Platz) free [frih]
fremd strange [sträindsch]; (ausländisch) foreign ['forən]; (unbekannt) unknown ['an'nəun]
Fremde, der/die stranger ['sträindschə]; (Ausländer) foreigner ['forənə]
Fremdenführer guide [gaid]
Freude joy [dschoi], pleasure ['pläschə]
freuen, s. ~ (über) to be pleased (with/about) ['plihsd wiθ/ə'baut)]; **s. freuen auf** to look forward to ['luk 'fohwəd tuh]
Freund/in (boy)friend/(girl)friend [('boi)fränd/('göhl)fränd]
freundlich friendly ['frändli], kind [kaind]
Freundlichkeit kindness ['kaindnis]
Friede peace [pihs]
frieren to be cold [kəuld], to freeze [frihs]
frisch fresh [fräsch]; (kühl) cool [kuhl]; (neu) new [njuh]; (Wäsche) clean [klihn]
Friseur hairdresser's ['heə,dräsəs], (Herren) barber's ['bahbəs] > 56, 60 f.
froh glad [gläd]; (glücklich) happy ['häpi]; (lustig) merry ['märi]
früh early ['öhli]
Frühstück breakfast ['bräkfəst] > 43, 46
fühlen to feel [fihl]
Führer (für Fremde) guide [gaid]
Führerschein driving-licence ['draiwing 'laisns]
Führung guided tour ['gaidid 'tuə] > 79
Fundbüro lost-property office ['lost'propəti ,ofis] > 113 f.
funktionieren to work [wöhk]
für for [foh]
fürchten to fear [fiə]; **s. fürchten vor** to be afraid of [ə'fräid]
fürchterlich terrible ['tärəbl]

G

Gabel fork [fohk]
Gang (Auto) gear [giə]; (Essen) course [kohs]; (Flur) corridor ['koridoh]
ganz (adj) whole [həul]; (pl) all [ohl]; (vollständig) entire [in'taiə], complete [kəm'pliht]
ganz (adv) quite [kwait]
Garage garage ['gärahdsch]
Garantie guarantee [ˌgärən'tih]
Garten garden ['gahdn]
Gast guest [gäst]
Gastgeber/in host/hostess [həust/'həustis]
Gasthaus/Gasthof hotel [həu'täl], inn [in]
Gebäude building ['bilding]
geben to give [giw]
Gebet prayer [präə]
Gebirge mountains ['mauntins]
geboren born [bohn]
Gebühr charge, fee [tschahdsch, fih]
Geburt birth [böhθ]
Geburtsdatum date of birth ['däit əw 'böhθ]
Geburtsname maiden name ['mäidn näim]
Geburtsort place of birth ['pläis əw 'böhθ]
Geburtstag birthday ['böhθdäi] > 13
Gedanke thought [θoht]
gefährlich dangerous ['däindschrəs]
gefallen to please [plihs]
Gefängnis prison ['prisn] > 116
Gefühl feeling ['fihling]
gegen against [ə'gänst]; (Sport) versus ['wöhsəs]; (in Richtung auf) towards [tə'wohds]; (zeitlich) about [ə'baut]
Gegend region ['rihdschən], area ['äəriə], district ['distrikt]
Gegenstand object ['obdschikt], item ['aitəm]
Gegenteil opposite ['opəsit], contrary ['kontrəri]
geheim secret ['sihkrit]
gehen to go [gəu]; (zu Fuß) to walk [wohk]
gehören to belong to [bi'long tuh]
Geistlicher clergyman ['klöhdschimən]
gelb yellow ['jäləu]
Geld money ['mani] > 111 f.
Geldautomat cashpoint ['käschpoint] > 112
Geldbeutel purse [pöhs]
Geldstück coin [koin]
Geldwechsel exchange [iks'tschäinsch] > 111 f., (Schild) bureau de change ['bjuərəu də 'schahnsch]
Gelegenheit occasion [ə'käischən]; (günstige ~) opportunity [ˌopə'tjuhniti]
gemeinsam (adj) common ['komən]; (adv) together [tə'gäθə]
gemischt mixed [mikst]
Gemüse vegetables ['wädschtəbls] > 41, 49
genau exact(ly) [ig'säkt(li)]
genießen to enjoy [in'dschoi]
genug enough [i'naf], sufficient [sə'fischənt]
geöffnet open ['əupn]
Gepäck luggage (Am baggage) ['lagidsch, 'bägidsch] > 30, 32
geradeaus straight on ['sträit 'on]
Gericht (Justiz) court [koht] > 116; (Essen) dish [disch] > 36 ff.
gern gladly ['glädli]
Geruch smell [smäl]
Geschäft (Laden) shop [schop], (Am) store [stoh] > 56 ff.
geschehen to happen ['häpn]
Geschenk present ['präsnt], gift [gift]
Geschichte history ['histəri]; (Erzählung) story ['stohri]
geschlossen shut [schat], closed [kləusd]
Geschmack taste [täist]
Geschwindigkeit speed [spihd]
Gesellschaft society [sə'saiəti]; (Begleitung) company ['kampəni]
Gespräch conversation [ˌkonwə'säischn], talk [tohk]
gesund healthy ['hälθi]
Gesundheit health [hälθ]
Getränk drink [drink] > 38, 44, 51 f.
getrennt separate ['säprət]
Gewicht weight [wäit]
gewinnen to gain [gäin]; (siegen) to win [win]
gewiss (adj) certain ['söhtn], sure [schuə]; (adv) certainly ['söhtnli]
Gewitter thunderstorm ['θandəstohm]
gibt, es there is [θäər is], there are [θäər ah]
Gift poison ['poisn]
Gipfel summit ['samit]
Gitarre guitar [gi'tah]
Glas glass [glahs]
Glaube faith [fäiθ]
glauben to believe [bi'lihw]
gleich same [säim]; (sofort) immediately [i'mihdjətli], at once [ət 'wans]
Glück luck [lak]; (Erfolg) success [sək'säs]
glücklich happy ['häpi]; (Glück gehabt) lucky ['laki]
Glückwunsch congratulations [kənˌgrätju'läischns] > 13
Gott God [god]
Gottesdienst service ['söhwis]
Grab tomb, grave [tuhm, gräiw]
Grad degree [di'grih]
gratulieren to congratulate [kən'grätjuläit]
grau grey [gräi]

Grenze border ['bohdə] > 22 f.
groß big [big], large [lahdsch]; (Statur) tall [tohl]; (bedeutend) great [gräit]
Größe (Umfang) size [sais]; (Länge, Höhe) height [hait]
Großmutter grandmother ['grän͵maθə]
Großvater grandfather ['grän͵fahθə]
grün green [grihn]
Grund reason ['rihsn], cause [kohs]; (Beweg~) motive ['məutiw]
Gruppe group [gruhp]
grüßen to greet [griht]
gültig valid ['wälid] > 22
gut (adj) good [gud]; (adv) well [wäl]

H

Haar hair [heə] > 60 f.
haben to have [häw]
Hafen port [poht] > 32
halb half [hahf]
Halle hall [hohl]
hallo hello [hə'ləu]
halt! halt! [hohlt], stop! [stop]
halten to keep [kihp]; (dauern) to last [lahst]; (stehen bleiben) to stop [stop]
Haltestelle stop [stop] > 34
Handy mobile phone (GB)/cell phone (US) [məubail fəun/säl fəun] > 119
hart hard [hahd], solid ['solid]
hässlich ugly ['agli]
häufig (adv) frequently ['frihkwəntli]
Haus house [haus]
Hausbesitzer/in landlord/landlady ['länlohd/ 'län͵läidi]
hausgemacht home-made [͵həum'mäid]
Haushaltswaren household goods ['haushəuld guds] > 75 ff.
heilig holy ['həuli]
Heimat home [həum], native country ['näitiw 'kantri]
heimlich secret ['sihkrit]
Heimreise return journey [ri'töhn 'dschöhni], journey home ['dschöhni 'həum]
heiraten to marry ['märi]
heiß hot [hot]
heißen to be called [bi 'kohld]
heiter cheerful ['tschiəful]; (Wetter) bright [brait], clear [kliə]
Heizung heating ['hihting]
helfen, jdm ~ to help s. o. [hälp]
hell bright [brait]
herein! come in! ['kam 'in]
hereinkommen to come in ['kam 'in]
Herkunft origin [.ahridschin] > 14
Herr gentleman ['dschäntlmən]; (vor Namen) Mr ['mistə]
heute today [tə'däi]
hier here [hiə]
Hilfe help [hälp], aid [äid]; **Erste ~** first aid ['föhst 'äid]
Himmel sky [skai]; (rel) heaven ['häwn]
hinlegen to put down ['put 'daun]; **s. ~** to lie down ['lai 'daun]
hinsetzen, s. ~ to sit down ['sit 'daun]
hinter behind [bi'haind]
Hobby hobby ['hobi] > 14
hoch high [hai]
Hochzeit wedding ['wäding]
hoffen to hope [həup]
höflich polite [pə'lait]
Höhe height [hait]
Holz wood [wud]
Honorar fee [fih]
hören to hear [hiə]; (zuhören) to listen ['lisn] (to)
Hotel hotel [həu'täl] > 6 ff., 68 ff.
hübsch pretty ['priti]
Hügel hill [hil]
Hund dog [dog]
Hunger hunger ['hangə]
hungrig hungry ['hangri]
Hütte hut [hat], cottage ['kotidsch]

I

ich I [ai]
Idee idea [ai'diə]
ihr (poss prn, f) her [höh], (pl) their [θäə]
Imbiss snack [snäk]
immer always ['ohlwäis]
imstande sein to be able to ['äibl tuh]
in in [in]
inbegriffen included [in'kluhdid]
informieren to inform [in'fohm]
Inhalt contents ['kontänts]
innen inside ['in'said]
Innenstadt city centre, town centre ['siti 'säntə, 'taun 'säntə]
innerhalb (zeitlich) within [wi'θin]
Insekt insect ['insäkt]
Insel island ['ailənd]
interessieren, s. ~ (für) to be interested (in) ['intristid]
international international [͵intə'näschənl]
Internet Internet [.intənät] > 114
Internetadresse Internet address [.intənät .əd'räs] > 8, 114
Ire Irishman ['airischmən]
Irin Irishwoman ['airisch͵wumən]

WÖRTERBUCH

Irland Ireland ['aiələnd], Eire ['äərə]
irren, s. ~ to be mistaken [mis'täikən]
Irrtum mistake [mis'täik]

J

Jahr year [jiə]
Jahreszeit season ['sihsn] > 18
jeder every ['äwri]
jedesmal every time ['äwri 'taim]
jemand somebody ['sambədi]; (in verneinten u. fragenden Sätzen) anybody ['äni,bodi]
jetzt now [nau]
Jugendherberge youth hostel ['juhθ,hostl] > 77
jung young [jang]
Junge boy [boi]
Junggeselle bachelor ['bätschələ]

K

Kabine cabin ['käbin]
Kaffee coffee ['kofi]
kalt cold [kauld]
Kanal canal [kə'näl]; channel ['tschänl]
Kapelle (Gebäude) chapel ['tschäpl]
kaputt broken ['braukn], out of order [aut əw 'ohdə]
Käse cheese [tschihs] > 43, 50
Kasse box office ['boks,ofis], ticket-office ['tikit,ofis]
Katze cat [kät]
Kauf purchase ['pöhtschəs]
kaufen to buy [bai]
kaum hardly ['hahdli], scarcely ['skäəsli]
Kaution security [si'kjuəriti]
kein no [nau]
keine(-r, -s) nobody ['naubədi]
Kellner/in waiter/waitress ['wäitə/'wäitris]
kennen to know [nau]
kennenlernen, jdn to get to know s. o. [,gät tə 'nau] > 10 ff.
Kind child [tschaild], (pl) children ['tschildrən] > 114 f.
Kino cinema ['sinəmə] > 82 f.
Kirche church [tschöhtsch]
Kissen cushion ['kuschn]; (Kopfkissen) pillow ['pilau]
Kleidung clothing ['klohθing] > 62 f.
klein little [litl], small [smohl]
Kleingeld change [tschäinsch]
Klima climate ['klaimit] > 19
Klingel bell [bäl]
klingeln to ring [ring]
klug clever ['kläwə], intelligent [in'tälidschənt]
Kneipe pub [pab]
knipsen (Photo) to take a snap(shot) ['täik ə 'snäp(schot)]
kochen to cook [kuk]; (Kaffee, Tee) to make [mäik]; (Wasser) to boil [boil]
Koffer suitcase ['sjuhtkäis]
Kohle coal [kaul]
kommen to come [kam]
Kompass compass ['kampəs]
Komplimente Compliments [,kampləmänts] > 13
Kondom condom ['kondəm]
Konfession denomination [di,nomi'näischn]
können to be able to ['äibl tu]
Konsulat consulate ['konsjulit]
Kontakt contact ['kontäkt]
kontrollieren (nachprüfen) to check [tschäk]
Konzert concert ['konsət] > 82 f.
Körper body ['bodi] > 104 ff.
kosten to cost [kost]
krank ill, sick [il, sik] > 104 ff.
Krankenhaus hospital ['hospitl] > 107 ff.
Krankenwagen ambulance ['ämbjuləns]
Krankheit illness ['ilnis] > 104 ff.
Kreditkarte credit card ['krädit kahd] > 54, 111 f.
Krieg war [woh]
kritisieren to criticize ['kritisaiz]
Küche kitchen ['kitschin]
kühl cool [kuhl]
Kultur culture ['kaltschə] > 78 ff.
Kummer (Trauer) grief [grihf]; (Ärger) problems ['probləms]
kümmern, s. ~ um to look after s. o./s. th. [,luk 'ahftə], to take care of s. o./s. th. [täik 'keər əw]
Kurs course [kohs] > 89; (Wechselkurs) exchange rate [iks'tschäindsch räit] > 111 f.
Kurve bend [bänd]
kurz short [schoht]
kürzlich recently ['rihsntli]
Kuss kiss [kis]
küssen to kiss [kis]
Küste coast [kaust]

L

lachen to laugh [lahf]
Laden shop [schop], (Am) store [stoh]
Lage situation [,sitju'äischn]; (eines Ortes) position [pə'sischn]
Land country ['kantri]; (Gegensatz zu Wasser) land [länd]
Landkarte map [mäp]
Landschaft scenery ['sihnəri], countryside ['kantrisaid]

lang long [long]
Länge length [längθ]
langsam slow(ly) ['slau(li)]
langweilig boring ['bohring]
Lärm noise [nois]
lassen to let [lät]
lästig annoying [ə'noiing]
Lastwagen lorry [ˌlori], (Am) truck [trak]
laufen (rennen) to run [ran]; (gehen) to go [gəu]
laut loud [laud]; (Lärm) noisy ['noisi]
Lautsprecher loudspeaker [ˌlaud'spihkə]
Leben life [laif]
leben to live [liw] (pl) lives [laiws]
Lebensmittel food [fuhd] > 41 ff., 56, 64
ledig single ['singl]
leer empty ['ämpti]
legen to put [put], to set [sät]
leicht easy ['ihsi]; (geringfügig) slight [slait]; (Gewicht) light [lait]
leider unfortunately [an'fohtschnitli]
leihen (jdm) to lend [länd]; (von jdm) to borrow ['borəu], to hire ['haiə] > 29, 84
leise quiet ['kwaiət]
Leiter, der ~ head [häd], boss [bos], manager ['mänidschə]
lesen to read [rihd]
letzte(r, -s) last [lahst]
Leute people ['pihpl]
Licht light [lait]
lieb nice [nais]
lieben to love [law]
liebenswürdig kind [kaind]
lieber (adv) rather ['rahθə] favourite ['fäiwrit]
Lied song [song]
liegen to lie [lai]
links on the left, to the left [läft]
Loch hole [haul]
Löffel spoon [spuhn]
Lohn wages ['wäidschis]; (Belohnung) reward [ri'wohd]
Lokal (Gaststätte) restaurant ['rästərohng] > 36 ff.; (Kneipe) pub [pab] > 82
löschen to extinguish [iks'tingwisch], to put out ['put 'aut]
Luft air [eə]
Lüge lie [lai]
lustig merry ['märi]; (erheiternd) funny ['fani]

M

machen to do [duh]; (herstellen) to make [mäik]
Mädchen girl [göhl]
Mahlzeit meal [mihl]
Mal time [taim]; einmal once [wans]; zweimal twice [twais]; jedesmal every time ['äwri 'taim]
man one [wan]
manchmal sometimes ['samtaims]
Mangel (Fehlen) lack [läk], shortage ['schohtidsch]; (Fehler) fault [fohlt]
Mann man [män], (pl) men [män]; (Ehemann) husband ['hasbənd]
männlich male [mäil]
Markt market ['mahkit]
Maschine machine [mə'schihn]
Medikament medicine ['mädsn] > 57 f.
Meer sea [sih]
mehr more [moh]
mein my [mai]
meinen to think [θink]
Meinung opinion [ə'pinjən], view [wjuh]
Mensch person ['pöhsn]
merken, s. etw ~ to remember s. th. [ri'mämbə]
Messe (rel) mass [mäs]; (Ausstellung) fair [fäə], exhibition [ˌäksi'bischn]
Messer knife [naif]
mich me [mih]
Miete rent [ränt] > 74
mieten to rent [ränt], to hire ['haiə]
Mietwagen rental cars [räntal ˌkahs] > 7 f., 29
mindestens at least [ət 'lihst]
minus minus ['mainəs]
Minute minute ['minit]
mir me [mih], to me
misstrauen to distrust [dis'trast]
missverstehen to misunderstand [ˌmisandə'ständ]
mit with [wiθ]
mitbringen to bring [bring]
mitnehmen to take [täik]
Mittag noon [nuhn]
Mittagessen lunch [lantsch] > 36 ff.
Mitte middle ['midl]
mitteilen to inform [in'fohm]
Mittel (Heilmittel) remedy ['rämidi], medicine ['mädsn] > 57 f.
Möbel furniture ['föhnitschə]
Mode fashion ['fäschn] > 62 f.
modern modern ['modn]
mögen (gern haben) to like [laik]; (wünschen) to want [wont]
möglich possible ['posəbl]
Moment moment ['məumənt]
Monat month [manθ] > 18
Mond moon [muhn]
morgen tomorrow [tə'morəu]
morgens in the morning [in θə 'mohning]

Motor motor, engine ['mautə, 'ändschin]
Motorrad motorbike ['mautəbaik] > 23 ff.
Mücke gnat [nät], midge [midsch]
müde tired ['taiəd]
Mühe trouble ['trabl], effort ['äfət]
Müll rubbish ['rabisch] (Am garbage ['gahbidsch])
Münze coin [koin] > 111 f.
Museum museum [mjuh'siəm] > 79 f.
Musik music ['mjuhsik]
müssen to have to ['häw tu]
Mutter mother ['maθə]

N

nach after ['ahftə]; (nach London) to London [tu 'landən]
Nachbar/in neighbour ['näibə]
nachher afterwards ['ahftəwəds]
nachmittags in the afternoon [in θi ˌahftə'nuhn]
Nachricht message ['mäsidsch]
Nachrichten news [njuhs]
nachsehen to have a look [häw ə 'luk], to check [tschäk]
nächste next [näkst]
Nacht night [nait]
nackt naked ['näikid], nude [njuhd]
nahe near [niə], close [klaus]
Nahverkehr local transport ['laukəl 'tränspoht] > 34 f.
Name name [näim]
nass wet [wät]
Nation nation ['näischn]
Natur nature ['näitschə]
natürlich (adv) of course [əw 'kohs]
neben next to [näkst tu], beside [bi'said]
Neffe nephew ['näwjuh]
nehmen to take [täik]
nennen to name [näim], to call [kohl]
nervös nervous ['nöhwəs]
nett nice [nais]
neu new [njuh]
neugierig curious ['kjuəriəs]
Neuigkeit news [njuhs]
nicht not [not]
Nichte niece [nihs]
nichts nothing ['naθing]
nie never ['näwə]
nieder, niedrig low [lau]
niemand nobody ['naubədi]
nirgends nowhere ['nauwäə]
noch still [stil]
Norden north [nohθ]
Nordirland Northern Ireland ['nohθən 'aiələnd]
Nordsee, die North Sea ['nohθ 'sih]
normal normal ['nohml]
Notausgang emergency exit [i'möhdschənsi 'äksit] > 30
Notbremse emergency brake [i'möhdschənsi 'bräik] > 32
nötig necessary ['näsisri]
Notrufsäule emergency telephone [i'möhdschənsi 'tälifəun] > 27
Nummer number ['nambə]
nun now [nau]
nur only ['əunli]

O

ob whether ['wäθə]
oben up [ap]
Ober (Anrede) waiter ['wäitə]
Obst fruit [fruht] > 42, 51
oder or [oh]
Ofen stove [stəuw]
offen open ['əupn]
öffentlich public ['pablik]
öffnen to open ['əupn]
Öffnungszeiten opening hours ['əupning ˌauəs], hours of business ['auəs əw 'bisnis] > 55
oft often ['ofn]
ohne without [wi'θaut]
ohnmächtig unconscious [an'konschəs]
Öl oil [oil]
Onkel uncle ['ankl]
Optiker optician's [op'tischəns] > 56, 65
Organe, innere organs ['ohgəns] > 107 ff.
Ort place [pläis]; (Stelle) spot [spot]
Osten east [ihst]
Österreich Austria ['ohstriə]
Österreicher/in Austrian ['ohstriən]
Ozean ocean ['əuschn]

P

Paar, ein ~ a pair of [ə 'päər əw]; **ein paar** a few [fjuh] (Ehepaar) couple ['kapl]
Päckchen package ['päkidsch]
packen to pack [päk]
Paket parcel ['pahsl]
Panne breakdown ['bräikdaun] > 24
Papiere papers ['päipəs], documents ['dokjumənts]
Park park [pahk]
parken to park [pahk] > 24
Pass passport ['pahspoht]; (Gebirge) pass [pahs]
Passagier passenger ['päsindschə]
passieren to happen ['häpn]
Passkontrolle passport control ['pahspoht kən'traul] > 22 f.

Pension guest house ['gästhaus] > 8 f., 68 ff.; (Halb-/Voll-) half/full board ['hahf/'ful 'bohd]
Person person ['pöhsn]
Personal staff [stahf]
Personalausweis identity card [ai'däntiti kahd]
Personalien particulars [pə'tikjuləs]
Pfand deposit [di'posit], security [si'kjuəriti]
Pflanze plant [plahnt]
Pflicht duty ['djuhti]
Platz place [pläis]; (Stadt) square [skweə]; (Sitz-) seat [siht]
plötzlich suddenly ['sadnli]
plus plus [plas]
Politik politics ['politiks]
Polizei police [pə'lihs] > 115 ff.
Postamt post office ['pəust,ofis] > 117
Preis (Kosten) price [prais]; (Gewinn) prize [prais]
Priester priest [prihst]
pro per [pöh]
Programm programme ['praugräm] > 78 ff.
Promille alcohol level ['älkəhol ,läwl]
Prozent percent [pə'sänt]
prüfen to examine [ig'sämin]
pünktlich (adj) punctual ['panktjuəl]; (adv) on time [on 'taim]
putzen to clean [klihn]

Q

Qualität quality ['kwoliti]
Quelle source [sohs]; (Wasser) spring [spring]
quittieren to give a receipt [giw ə ri'siht]

R

Rabatt discount ['diskaunt]
Rad fahren to cycle ['saikl] > 23 ff.
Radio radio ['räidiəu]
Rand edge [ädsch], brink [brink]
rasch (adj) quick [kwik]; (adv) quickly ['kwikli]
Rasen lawn [lohn], grass [grahs]
Raststätte services ['söhwisis]
raten (Tip) to advise [əd'wais]
Rathaus town hall (Am city hall) ['taun 'hohl, 'siti 'hohl]
rauchen to smoke [sməuk]
Raucher smoker ['sməukə]
Raum space [späis]; (Räumlichkeit) room [ruhm]
rechnen to work out ['wöhk 'aut], to calculate ['kälkjuläit]
Rechnung bill [bil]
Recht (Anspruch) right [rait]
Recht haben to be right
rechts on the right, to the right [rait]
rechtzeitig (adv) in time [in 'taim]
reden to talk [tohk]
regeln to settle ['sätl]
Regierung government ['gawnmənt]
regnen to rain [räin]
reich rich [ritsch]
Reihe row [rəu]
reinigen to clean [klihn]
Reise journey ['dschöhni]; (Schiffsreise) voyage ['woiidsch]
Reisebüro travel agency ['träwl 'äidschənsi]
Reiseführer guide [gaid]
reisen to travel ['träwl]
Reisepass passport ['pahspoht] > 22, 116
Reiseroute route [ruht]
Reisescheck traveller's cheque ['träwləs 'tschäk] > 111 f.
reklamieren to complain [kəm'pläin] > 38, 70
Reparatur repair [ri'päə]
Reservierung reservation [,räsə'wäischn] > 6 ff., 36, 69
Rest rest [räst]
Restaurant restaurant ['rästərohng] > 36 ff.
retten to save [säiw]
Rettungsboot lifeboat ['laifbəut]
Rezeption reception [ri'säpschn] > 69 f.
richtig right [rait]; (geeignet) proper ['propə]
Richtung direction [di'räkschn]
riechen to smell [smäl]
Risiko risk [risk]
rot red [räd]
Route route [ruht]
Rückkehr return [ri'töhn]
rufen to call [kohl]
Ruhe rest [räst]; (seelisch) calm [kahm]; (Stille) silence ['sailəns]
ruhig silent ['sailənt], quiet ['kwaiət], calm [kahm]
rund round [raund]

S

Saal room [ruhm]; (größerer) hall [hohl]
Sache thing [θing]; (Angelegenheit) matter ['mätə]
sagen to say [säi]; (mitteilen) to tell [täl]
Saison season ['sihsn]
sammeln to collect [kə'läkt]
satt full [ful]
Satz sentence ['säntəns]
sauber clean [klihn]
schade, es ist ~ it's a pity ['piti]
schaden to harm [hahm], to damage ['dämidsch]
Schadenersatz compensation [,kompän'säischn], damages ['dämidschis]

schädlich harmful ['hahmful]
Schalter (Bank, Post ...) counter ['kauntə]; (Fahrkarten~) ticket-office ['tikit 'ofis]; (el) switch [switsch]
schauen to look [luk]
Scheck cheque (Am check) [tschäk] > 111 f.
schenken to give as a present ['giw əs ə 'präsnt]
Scherz joke [dschauk]
schicken to send [sänd]
Schiff ship [schip] > 33 f.
Schild sign [sain]
schimpfen (fluchen) to swear; (sich beklagen) to complain [kəm'pläin]
Schirm umbrella [am'brälə]
schlafen to sleep [slihp]
schlank slim [slim], slender ['sländə]
schlecht (adj) bad [bäd]; (adv) badly ['bädli]
schließen to shut [schat], to close [klaus]
Schloss castle ['kahsl]; (Tür) lock [lok]
Schlüssel key [kih]
schmerzen to hurt [höht]
Schmuck jewellery ['dschuhəlri] > 56, 65
schmuggeln to smuggle ['smagl]
Schmutz dirt [döht]; (Schlamm) mud [mad]
schmutzig dirty ['döhti]
schneiden to cut [kat]
schneien to snow [snəu]
schnell (adj) quick [kwik], fast [fahst]
Schnellimbiss snack-bar ['snäkbah]
schon already [ohl'rädi]
schön beautiful ['bjuhtəfl]
Schotte Scotsman ['skotsmən]
Schottin Scotswoman ['skots,wumən]
Schottland Scotland ['skotlənd]
schrecklich terrible ['tärəbl], awful ['ohful]
schreiben to write [rait]
Schreibwaren stationer's ['stäischnəs] > 56, 67
schreien to shout [schaut]; (schrill) to scream [skrihm]
Schrift (Hand~) (hand)writing [('händ),raiting]
schriftlich in writing [in 'raiting]
schüchtern shy [schai]
Schuh shoe [schuh] > 66
Schuld guilt [gilt]; (Geld) debt [dät]
schulden to owe [əu]
Schuss shot [schot]
Schutz protection [prə'täkschn]
schwach weak [wihk], feeble ['fihbl]
Schwager brother-in-law ['braθərinloh]
Schwägerin sister-in-law ['sistərinloh]
schwanger pregnant ['prägnənt]
schwarz black [bläk]
schweigen to be silent ['sailənt]
Schweiz Switzerland ['switsələnd]
Schweizer/in Swiss(man/woman) ['swis('män/'wumən)]
schwer heavy ['häwi]; (Krankheit) serious ['siəriəs]; (schwierig) difficult ['difikəlt]
Schwester sister ['sistə]; (Kranken~) nurse [nöhs]
schwierig difficult ['difikəlt]
Schwimmbad swimmingpool ['swimingpuhl] > 84 f.
schwimmen to swim ['swim] > 84 f.
schwindlig dizzy ['disi], giddy ['gidi]
schwitzen to perspire [pəs'paiə], to sweat [swät]
See (Meer) sea [sih]; **der See** lake [läik]
sehen to see [sih]
Sehenswürdigkeiten sights [saits] > 79 ff.
sehr very ['wäri]; (bei Verb) very much ['wäri 'matsch]
sein (poss prn) m his [his]; n its [its]
seit (Zeitpunkt) since [sins]; (Zeitraum) for [foh]
Seite side [said]; (Buch) page [päidsch]
Sekunde second ['säknd]
Selbstbedienungsladen self-service shop [,sälf'söhwis schop]
selten (adj) rare [räə]; (adv) seldom ['säldəm]
senden to send [sänd]; (Radio, Fernsehen) to broadcast ['brohdkahst]
Sendung (Radio, Fernsehen) programme ['praugräm]
servieren to serve [söhw]
setzen, s. ~ to sit down ['sit 'daun]
Sex sex [säks]
sicher safe [säif]; (gewiss) sure [schuə]
Sicherheit safety ['säifti]; (Garantie) security [si'kjuəriti]
Sicherung (el) fuse [fjuhs]
Sicht (Sehweite) visibility [,wisi'biləti]; (Aussicht) view [wjuh]
sichtbar visible ['wisəbl]
sie (sing) she [schih]; **Sie** you [juh] (pl) they [ðäi]
singen to sing [sing]
sitzen to sit [sit]
Smalltalk small talk [smohl tohk] > 14 f.
so so [səu], thus [ðas]
sofort at once [ət 'wans], immediately [i'mihdjətli]
sogar even ['ihwn]
Sohn son [san]
sollen (müssen) to have to ['häw tu]
Sonne sun [san]
Sonnenbrille sunglasses ['sanglahsis], (Am) shades [schäids]
sonnig sunny ['sani]

sorgen, s. ~ um to be worried about ['warid ə'baut]
Sorte sort [soht], kind [kaind]; (Zigaretten) brand [bränd]
Souvenirs souvenirs [suhwəniəs] > 66 f.
Spaß (Scherz) joke [dschəuk]; (Gaudi) fun [fan]
spät late [läit]
später later ['läitə]
spazieren gehen to go for a walk ['gəu fər ə 'wohk]
Speisekarte menu ['mänjuh] > 46 ff.
spielen to play [pläi]
Spielzeug toy [toi]
Sport sport [spoht] > 15, 84 ff.
Sprache language ['längwidsch]
sprechen to speak [spihk]
Staat state [stäit]
Staatsangehörigkeit nationality [ˌnäschə'näliti]
Stadt town [taun]
Stadtplan town map ['taun 'mäp] > 67, 78
Stadtrundfahrt sightseeing tour of the town/city ['saitˌsihing'tuər əw θə 'taun/'siti] > 78 ff.
stammen to come from ['kam from]
statt instead of [in'städ əw]
stattfinden to take place ['täik 'pläis]
stechen to sting [sting]
stehen to stand [ständ]
stehen bleiben to stop [stop]
stehlen to steal [stihl]
steigen to climb [klaim]
steil steep [stihp]
Stein stone [staun]
Stelle (Ort) spot [spot], place [pläis]
stellen to put [put]
Stellung position [pə'sischn]
sterben to die [dai]
Stern star [stah]
Stil style [stail]
still (ruhig) quiet ['kwaiət], silent ['sailənt]; (unbewegt) still [stil], calm [kahm]
Stimme voice [wois]; (Votum) vote [waut]
Stockwerk floor [floh]
Stoff material [mə'tiəriəl]
stören to disturb [dis'töhb], to bother ['boθə]
stornieren to cancel ['känsl]
Störung disturbance [dis'töhbəns]; (Unterbrechung) interruption [ˌintə'rapschn]
stoßen to push [pusch]
Strafe punishment ['panischmənt]; (Geldstrafe) fine [fain]
Strand beach [bihtsch] > 84 ff.
Straße street, road [striht, raud]
Straßenkarte road map ['raud mäp]
Strauß (Blumen) bunch of flowers ['bantsch əw 'flauəs]
Strecke distance ['distns]; (Bahn) line [lain]; (Straße) road [raud], route [ruht]
Strom (Fluss) river ['riwə]; (el) current ['karnt]
Stück piece [pihs]; (Theaterstück) play [pläi]
studieren to study ['stadi]
Stuhl chair [tschäə]
Stunde hour ['auə]
suchen to look for ['luk foh]
Süden south [sauθ]
Summe sum [sam]; (Betrag) amount [ə'maunt]
Supermarkt supermarket ['suhpəˌmahkit] > 56

T

Tabak tobacco [tə'bäkau]
Tag day [däi]
Tankstelle petrol station, filling (Am gas) station ['pätrl 'stäischn, 'filing/gäs 'stäischn] > 23
Tante aunt [ahnt]
tanzen to dance [dahns] > 82
Tätigkeit activity [äk'tiwiti]; (Beruf) job [dschob], work [wöhk]
tauschen to exchange [iks'tschäindsch], to swap [swop]; (Geld) to change [tschäindsch] > 111 f.
täuschen, s. ~ to be mistaken [mis'täikn], to be wrong [rong]
Taxi taxi ['täksi], (Am) cab [käb] > 35
Teil part [paht]
teilnehmen (an) to take part (in) ['täik 'paht (in)]
Telefon telephone ['tälifəun] > 118 f.
telefonieren to make a phone call [mäik ə 'fəunkohl]; to phone [fəun], to ring (up) ['rin('ap)] > 118 f.
Temperatur temperature ['tämpritschə] > 19
Termin appointment [ə'pointmənt]; (Frist) deadline ['dädlain]
teuer dear [diə], expensive [iks'pänsiw]
Theater theatre ['θiətə] > 82 f.
tief deep [dihp]; (niedrig) low [ləu]
Tier animal ['äniml]
Tisch table ['täibl]
Tochter daughter ['dohtə]
Tod death [däθ]
Toilette lavatory, toilet ['läwətri, 'toilit] > 37, 72, 119
Ton sound [saund]; (Umgangston) tone [təun]; (Farbe) shade [schäid]
Topf pot [pot]
Töpferei pottery ['potəri]
tot dead [däd]

tragen to carry ['käri]; (Kleidung) to wear [wäə]
träumen to dream [drihm]
traurig sad [säd]
treffen to meet [miht]
Treppe stairs [stäəs], staircase ['stäəkäis]; (im Freien) steps [stäps]
treu loyal ['loil], faithful ['fäiθful]
trinken to drink [drink] > 38, 44, 51 f.
Trinkgeld tip [tip]
Trinkwasser drinking-water ['drinking,wohtə]
trotzdem nevertheless [,näwəθə'läs]
Tschüss cheerio [,tschiəri'əu], 'bye [bai]
tun to do [duh]
Tunnel tunnel ['tanl]
Tür door [doh]
typisch typical ['tipikl]

U

U-Bahn underground ['andəgraund] > 34 f.
Übelkeit nausea ['nohsjə]
über over ['əuwə]
überall everywhere ['äwriwäə]
überfallen to attack [ə'täk], to assault [ə'sohlt], (auf der Straße) to mug [mag]
überholen to overtake [,əuwə'täik]
übernachten to stay [stäi], (eine Nacht) spend the night ['spänd θə 'nait] > 6 ff., 68 ff.
überqueren to cross [kros]
überrascht surprised [sə'praisd]
Übersee overseas [,əuwə'sihs]
übersetzen to translate [träns'läit]
überweisen to transfer [träns'föh]
Ufer (Fluss) bank [bänk]; (Meer) shore [schoh]
Uhr (Armbanduhr) watch [wotsch]; (Wanduhr) clock [klok]
Uhrzeit time [taim] > 16
um (herum) around [ə'raund]; (Zeitangabe) at [ät], (gegen) about [ə'baut]
umarmen to hug [hag], to embrace [im'bräis]
umbuchen to change the booking [tschä-indsch θə 'buking] > 29, 31
Umleitung diversion [dai'wöhschn]
umsonst (gratis) free (of charge) ['frih (əw 'tschahdsch)]; (vergeblich) in vain [in 'wäin]
umsteigen to change [tschäinsch]
umtauschen to change [tschäinsch]
Umwelt environment [in'waiərnmənt]
umziehen to move [muhw]; **s. ~** to change [tschäinsch]
unbedingt (adv) really ['riəli]; **unbedingt!** certainly! ['söhtnli]
unbekannt unknown [,an'nəun]
und and [änd]
Unfall accident ['äksidənt] > 25 f.
unfreundlich unkind [an'kaind], unfriendly [,an'frändli]
ungefähr about [ə'baut]
ungern reluctantly [ri'laktəntli]
ungesund unhealthy [an'hälθi]
ungewiss uncertain [an'söhtn]
Unglück (Unfall) accident ['äksidənt]; (Unheil) misfortune [mis'fohtschən]
unglücklich (traurig) unhappy [an'häpi]; (Pech gehabt) unlucky [an'laki]
ungültig invalid [in'wälid]
unhöflich impolite [,impə'lait]
Unkosten expenses [iks'pänsis]
unmöglich impossible [im'posəbl]
unruhig restless ['rästlis]
uns us [as]
unschuldig innocent ['inəsnt]
unser/e our ['auə]
unter under ['andə]; (zwischen) among [ə'mang]; (unterhalb) below [bi'ləu]
unterbrechen to interrupt [,intə'rapt]
Unterführung subway ['sabwäi]
Unterhaltung (Vergnügen) entertainment [,äntə'täinmənt] > 82 f.
Unterkunft accommodation [ə,komə'däischn] > 68 ff.
Unterschied difference ['difrəns]
Unterschrift signature ['signitschə]
Untersuchung examination [ig,sämi'näischn] > 106 f.
unterwegs on the way [on θə 'wäi] > 20 ff.
unverschämt impertinent [im'pöhtinənt], cheeky ['tschihki]
unwohl unwell [,an'wäl]
Urlaub holidays ['holədis], (Am) vacation [wə'käischn]
Ursache cause [kohs]; (Grund) reason ['rihsn]
urteilen to judge [dschadsch]

V

Vater father ['fahθə]
Verabredung (formell) appointment [ə'pointmənt]; (fam) date [däit] > 15
verabschieden, s. ~ to say goodbye [säi ,gud'bai] > 12
verändern to change [tschäinsch]
Veranstaltung event [i'wänt] > 83
Veranstaltungskalender calendar of events ['kälindər əw i'wänts]
verbieten to forbid [fə'bid]
verbinden (med) to dress [dräs]
Verbindung line [lain]

verboten! forbidden! [fə'bidn], prohibited! [prə'hibitid]
verdorben spoiled ['spoilt]; (faul) rotten ['rotn]; (sittlich) corrupt [kə'rapt]
vereinbaren to agree on [ə'grih on]
Verfassung (Staats~) constitution [ˌkonsti'tjuhschn]; (Zustand) state [stäit]
Vergangenheit past [pahst]
vergessen to forget [fə'gät]
Vergewaltigung rape [räip] > 116
Vergiftung poisoning ['poisning]
Vergnügen pleasure ['pläschə]
verheiratet (mit) married ['märid] (to)
Verhütungsmittel contraceptive [ˌkontrə'säptiw]
verirren, s. ~ to lose one's way ['luhs wans 'wäi], to get lost [gät 'lost]
Verkauf sale [säil]
Verkehr traffic ['träfik]
Verkehrsbüro tourist information office ['tuərist ˌinfə'mäischn ˌofis]
verlängern to extend [ik'ständ]
verlieren to lose [luhs] > 113 f., 115 f.
verloben, s. ~ mit to get engaged to [in'gäidschd]
Verlobte, der/die fiancé/fiancée [fi'ahnsäi]
Verlust loss [los]
vermieten to let, to rent [lät, ränt] > 6 ff., 29, 74
versäumen (verpassen) to miss [mis]
verschieben (zeitlich) to put off ['put 'of], to postpone [ˌpaus'paun]
verschieden different ['difrənt]
verschreiben to prescribe [pris'kraib] > 116
Versehen, aus ~ by mistake [bai mis'täik]
Versicherung insurance [in'schuərns]
verspäten, s. ~ to be late [läit]
Versprechen promise ['promis]
verständigen, jdn to inform s. o. [in'fohm]
Verständigungsschwierigkeiten > Umschlagklappe
verstehen to understand [ˌandə'ständ]
versuchen to try [trai]; (Speisen) to taste [täist]
Vertrag contract ['konträkt]
verunglücken to have an accident ['äksidənt]
verwandt related [ri'läitid]
verwechseln to mistake for [mis'täik foh]
Verzeichnis list [list], directory [di'räktəri]
verzeihen to forgive [fə'giw]
verzollen to pay duty on [päi 'djuhti on]
viel a lot of [ə 'lot əw]; (Frage, Verneinung) much [matsch]
vielleicht perhaps [pə'häps], maybe ['mäibih]
Visum visa ['wihsə] > 22
Volk people ['pihpl]
voll full [ful]; (überfüllt) crowded ['kraudid]
Vollpension full board ['ful 'bohd] > 70
von (Herkunft) from [from]; (Eigenschaft) of [ow]; (Passiv) by [bai]
vor (räumlich) in front of [in 'frant əw]; (zeitlich) before [bi'foh]
Voranmeldung booking ['buking]
Voraus, im ~ in advance [in əd'wahns]
vorbei past [pahst], over ['əuwə]
vorher before [bi'foh]
vormittags during the morning ['djuəring θə 'mohning]
Vorname Christian name, first name ['kristjən näim, 'föhst näim]
Vorort, Vorstadt suburb ['saböhb]
Vorsaison low season ['ləu ˌsihsn]
Vorschrift rule [ruhl]
Vorsicht caution ['kohschn]; **Vorsicht!** look out! ['luk 'aut]
Vorstellung (Person) introduction [ˌintrə'dakschn] > 11; (Theater) performance [pə'fohməns] > 82 f.
Vorverkauf advance booking [əd'wahns 'buking]
Vorwahlnummer national code (Am area code) ['näschnl 'kəud, 'eəriə 'kəud]
vorziehen to prefer [pri'föh]

W

wach awake [ə'wäik]
wählen to choose [tschuhs]; (Politik) to vote [wəut]; (tele) to dial ['daiəl]
wahr true [truh]
während (prp) during ['djuəring]; (conj) while [wail]
wahrscheinlich (adj) probable ['probəbl]; (adv) probably ['probəbli]
Währung currency ['karənsi] > 111 f.
Wald woods, forest [wuds, 'forist]
Wales Wales [wäils]
Waliser/in Welshman/Welshwoman ['wälschmən/'wälschˌwumən]
Wanderkarte map of walks [mäp ow wohks]
wandern to hike [haik], to ramble ['rämbl]
Wann?/Seit wann? when? [wän]/since when? [sihns wän]
warm warm [wohm]
warnen (vor) to warn (of/about) ['wohn aw/ə'baut]
warten (auf) to wait (for) [wäit]
Wartesaal waitingroom ['wäitingrum]
Wartezimmer waiting room ['wäitingrum]
Warum? why? [wai]
was what [wot]

Was? what? [wot]
waschen to wash [wosch]
Wasser water ['wohta]
wechseln (Geld) to change [tschäinsch] > 111 f.
wecken to wake [wäik]
weg away [ə'wäi]; gone [gon]
Weg way [wäi]; (Pfad) path [pahθ]
wegen because of [bi'kos əw]
weggehen to go away ['gəu ə'wäi], to leave [lihw]
Wegweiser sign [sain]
wehtun to hurt, to be painful [höht, 'päinful] > 106 ff.
weiblich female ['fihmäil]; (fraulich) feminine ['fäminin]
weich soft [soft]
weigern, s. ~ to refuse [ri'fjuhs]
weil because [bi'kos], since [sins]
weinen to cry [krai]
weiß white [wait]
weit (Weg) long [long]; (entfernt) far [fah]
Welche(r/s)? which [wihtsch]
Welt world [wöhld]
Wem? who … to? [huh … tuh]
Wen? who? [huh]
wenig little ['litl], few [fjuh]
weniger less ['läs]
wenn (Bedingung) if [if]; (zeitlich) when [wän]
Wer? who? [huh]
werden to become [bi'kam]
Werkstatt (Auto~) garage ['gärahdsch] > 21 f., 24
werktags on weekdays ['wihkdäis]
Wert value ['wäljuh]
Wessen? whose? [huhs]
Westen west ['wäst]
Wetter weather ['wäθə] > 19
wichtig important [im'potnt]
wie (Frage) how [hau]; (Vergleich) like [laik]
Wie lange? how long? [ˌhau 'long]
Wie viel/e? how much? [ˌhau 'matsch]/ how many? [ˌhau 'mäni]
wieder again [ə'gän]
wiederholen to repeat [ri'piht]
wiederkommen to come back ['kam 'bäk], to return [ri'töhn]
wiedersehen to see again ['sih ə'gän], to meet again ['miht ə'gän]
wiegen to weigh [wäi]
willkommen welcome ['wälkəm]
wir we [wih]
Wirt landlord ['länlohd]
Wirtin landlady ['länˌläidi]
Wo? where? [weə]
Woche week [wihk] > 18
Woher? where … from? [weə … 'from]
Wohin? where … to? [weə … 'tu]
wohnen to live [liw], to stay [stäi]
Wohnort, Wohnsitz (place of) residence [(pläis əw) 'räsidəns]
Wohnung flat [flät], (Am) apartment [ə'pahtmənt]; möblierte ~ furnished flat ['föhnischt 'flät]
wollen (wünschen) to want [wont], to wish [wisch]
Wort word [wöhd]
wünschen to want [wont]; to wish for [wisch]
Wurst sausage [ˌsosidsch] > 45
wütend furious ['fjuəriəs]

Z

Zahl number ['nambə] figure ['figə]
zahlen to pay [päi]
Zahlung payment ['päimənt]
Zahnarzt dentist ['däntist] > 106
zeigen to show [schəu]
Zeit time [taim] > 16 ff.
Zeitschrift magazine [ˌmägə'sihn]
Zeitung newspaper ['njuhsˌpäipə]
Zentrum centre ['säntə], (Am) center ['säntə]
zerstören to destroy [dis'troi]
Zeuge witness ['witnis]
ziehen to pull [pul]; (Zahn) to take out, to extract [ˌtäik 'aut, iks'träkt]
Ziel (Reise~) destination [ˌdästi'näischn]
Zigarette cigarette [ˌsigə'rät]
Zimmer room [ruhm] > 6 ff., 68 ff.
Zoll (Amt) customs ['kastəms] > 22 f.; (Gebühr) duty ['djuhti]
zornig angry ['ängri]
zu (Richtung) to [tuh]; (mit adj) too [tuh]
zufrieden satisfied ['sätisfaid]
Zug train ['träin] > 31 f.
zumachen to close [kləus], to shut [schat]
zurück back [bäk]
zusammen together [tə'gäθə]
zusätzlich (adj) additional [ə'dischənl]; (adv) in addition [in ə'dischn]
zuschauen to watch [wotsch]
Zuschlag supplement ['saplimənt]
zuschließen to lock (up) [lok ('ap)]
zuständig responsible [ri'sponsəbl]
zu viel too much ['tuh 'matsch]; zu viele too many ['tuh 'mäni]
zweifeln an etw to doubt s. th. [daut]
zwischen between [bi'twihn]; (zwischen mehreren) among [ə'mang]

> BLOSS NICHT!

So vermeiden Sie Fettnäpfchen

Insider Tipps

Zauberhafte Verwandlung *

Ein Klassiker und immer wieder von den Obern dieser Welt gerne genommen: die magische Verwandlung ihrer Gäste in Speisen und Getränke. Denn mit *I become a cup of coffee* oder *I become a Wiener Schnitzel* kündigen Sie selbstbewusst an, dieses zu „werden". Korrekt ist *Can I get a cup of coffee, please?* Aber wer will den Kellnern schon ihren Spaß verderben?

Giftige Geschenke

Die Angelsachsen haben hervorragende Krimiautoren. Diese wurden aber wohl in den seltensten Fällen von den vielen *Gift Shops* inspiriert. Denn dort findet man nicht die Zutaten für ein perfektes Verbrechen, sondern eher schöne Mitbringsel. *Geschenke* erhalten mehr als nur die Freundschaft ...

Handys ganz praktisch

Handys sind doch praktisch. Und noch praktischer ist es, dass *handy* ein englischer Ausdruck ist. Dennoch sollten Sie besser ein *mobile phone* (UK) oder *cell phone* (USA) benutzen und den Begriff *handy* ausschließlich für „nützlich" oder „praktisch" verwenden. Sonst outen Sie sich sofort als Tourist.

Konservierende Präservative

Verhüten ist manchmal gar nicht so einfach ... Da verlangt man(n) in der Apotheke nach *preservatives* – und was bekommt man(n)? Konservierungsmittel! Damit kann das ja wohl nicht klappen. Dann doch besser nach *condoms* fragen.

Eiskalt serviert

Jedes Land hat ja so seine landestypischen Gerichte, aber dass man Tiefgefrorenes *„deep fried"* im Lokal serviert ... damit rechnet man nun wirklich nicht. Aber keine Sorge, Sie beißen sich an Ihrem Essen nicht die Zähne aus, sondern können sich auf leckere „frittierte" Speisen freuen. Sollte Ihnen doch der Sinn nach Tiefgefrorenem stehen, müssten Sie die Mahlzeit *deep frozen* bestellen. Aber wer will das schon?

Rückseite oder Hinterteil?

Wie schön, dass es Kreditkarten gibt. Wenn Sie beim Bezahlen aber fragen, ob Sie den Ausdruck auf der Rückseite – *backside* – unterschreiben sollen, zaubern Sie auch ein Lächeln auf das Gesicht der Verkäuferin. Sie haben gerade nach dem Hintern gefragt. Fragen Sie deshalb entweder, ob Sie *on the back* oder *on the reverse* unterschreiben sollen.